하늘로 문 난 집에 시집보낸다

안태희 수필집

하늘로 문 난 집에 시집보낸다

안태희 수필집

1판 1쇄 인쇄/ 2017년 1월 5일
1판 1쇄 발행/ 2017년 1월 9일

지은이 / 안 태 희
펴낸이 / 우 희 정
펴낸곳 / 도서출판 소소리

등록 / 제300-2007-21호
주소 / 03073 서울 종로구 성균관로 5길 39-16
전화 / 765-5663, 010-4265-5663
e-mail: sosori39@hanmail.net
www.sosori.net

값 12,000 원

*잘못된 책은 바꿔드립니다.

ISBN 979-11-5891-064-8 03810

안태희 수필집

하늘로 문 난 집에 시집보낸다

소소리

책을 내면서

팔십 고개에 올라와 보니 지난 세월은 꿈만 같고 앞에 있는 시간은 초를 다투듯 타들어가는 저녁 노을빛이다.

'잘 써보겠다'는 욕심으로 뜸들이다 지연된 시간. 계속 그 욕심을 고집하기에는 남아있는 시간이 얼마 되지 않음을 절실하게 느낀다. 이제 그 욕심을 버리고 다만 '내 글을 읽는 이들에게 공감과 자그마한 감동이라도 줄 수 있다면 만족하리라.' 여기며 마침내 용기를 내었다.

사실 이 글집은 보통 생각하는 수필집이기보다는 좀 더 개인적인 시각에서 쓴 자서전적 수필 모음집이다. 그동안 바쁘게 살아왔던 나의 삶을 재조명해 보고 정리하는 기회로 삼고 싶었다. 인생의 황혼기에 찾아온 뒤늦게 느껴지는 번민, 후회, 아픔, 그리움 그리고 진정한 행복을 자유롭게 표현해 보려 했다.

내 어렸을 적 그때 옛날 여자들의 삶이 대부분 그랬듯이 나의 할머니와 나의 어머니는 한 많은 삶을 겪으셨다. 그들의 삶을 지켜보며 나만은 그 길을 다시 밟지 않으려고 노력하며 새로운 삶을 개척해 나가려고 했다. 독립적이고 강인한 삶을 꿈꾸며, 가난 속 힘들게 입학했던 사범학교, 그리고 그 후 42년 6

개월간의 최선을 다한 교직생활.

퇴직 후 나름대로 만족스러운 사회생활과 자아실현을 했다고 자부할 수도 있었다. 하지만 마음 한구석에 늘 가시지 않는 아픔과 어두운 그림자가 따라다녔다. 친정어머니를 끝까지 지키며 보살펴 드리지 못해 일찍 가시게 한 한(恨)은 내 무덤까지 가지고 가야하고, 자식들에게 엄마의 자리를 제대로 채우지 못한 미안함에 대한 후회와 죄의식은 풀고 가야한다.

나는 뒤늦게 엄마의 자리로 돌아왔는데 아이들은 더는 나를 기다리지 않고 이미 내 곁을 다 떠난 듯하다. 이런 상실감은 부모로서 모두 다 느끼는 것일 수도 있겠지만, 교직과 사회생활로 제대로 엄마의 노릇을 못했던 나에게는 더 절실하게 다가왔다. 아이들에게 소홀히 했던 만큼 지난 세월에 대한 아쉬움과 다 못한 사랑이 뒤늦게 가슴앓이로 남았다.

이제 가는 세월에 흔들리는 내 모습으로부터 자유롭고 평화스러워지고 싶다. 나의 세대를 살아온 딸, 아내, 교직자, 며느리, 엄마 그리고 할미로서의 내 모습을 담은 이 수필 모음집은 나의 삶에 대한 구차스러운 변명이며 모자란 사랑의 고백서이다.

이 수필집을 내기까지 끈임 없이 용기와 도움을 주신 모든 분들에게 진심으로 감사드린다.

2016년 낙엽지는 스산한 아침

저자 안태희

▸차 례

▸책을 내면서

1부

하늘로 문 난 집에 시집보낸다 —· 13
눈물 속엔 그리움이 산다 —· 19
오디가 익을 무렵 —· 24
인연의 띠 —· 29
무 꽃 —· 35
사랑의 향기 —· 40
버들피리 —· 45
구름의 날개 —· 49
징검다리 —· 53

2부

순 종 —· 61
소매치기는 바로 나 —· 66
슬픈 행복 —· 71
빨랫줄의 슬픈 기저귀 —· 75
설원(雪原)의 달빛 —· 80
그 홍시 맛 —· 86
논두렁이 꿀꺽한 초봉 —· 91
우리 며늘아기 살아났어요 —· 95
한탄강 —· 100

3부

라일락꽃이 피면 —· 107
막 차 —· 112
피아노와 DDT —· 117
반명함판 사진 —· 122
조각보 짓듯이 —· 127
길 떠남 이젠 네 차례 —· 136
250원짜리 행복 —· 141
형동이 —· 146
내가 만난 예수님 —· 152
백년손님의 그늘과 양지 —· 157

4부

뒷산이 아름다운 집 —· 165
그린월드의 여름 —· 170
봉정암의 밤 —· 175
그리움의 멀미 —· 179
그래도 좋았어 —· 184
예비 할미의 선물 —· 189
NORAH와 햇살 —· 194
봉선화 사랑 —· 199
너털웃음 —· 204
내가 왜 이래 —· 209
어이없는 외사랑 —· 215
내 삶의 멘토들 —· 219

발문 || 이상국 —· 224

1부

노라: 행복의 나무

하늘로 문 난 집에 시집 보낸다

- 마실 길 -

"착한 내 강아지, 하늘로 문이 난 집으로 시집보내야지!"

할머니가 나의 동심에 심어주신 말씀이다.

할머니는 세 살 때 마마[1]를 앓으시고 80평생 앞을 못 보시고 살아가셨다. 몇 살 때라는 기억은 나지 않지만, 아주 어려서부터 나는 할머니의 발끝을 졸졸 따라다니며 할머니의 눈이 되고, 지팡이가 되었다.

할머니는 마실[2]을 자주 다니셨는데 할머니의 이야기를 듣기 위해 밤이면 마을 아낙네들이 모여들곤 했다. 장화홍련전을 비롯하여 수십 가지의 이야기가 그들의 마음을 흠뻑 사로잡았다. 동화

1) 천연두
2) 마을의 방언

구연하듯 구수하게 엮어내는 구사력은 할머니의 특기였고 이야기의 끝은 언제나 착하게 살면 북두칠성도 굽어보고 결국은 행운이 찾아온다는 것이었다. 그중 '방귀 잘 뀌는 머슴'은 공상 과학 이야기이듯 흥미로웠고, '심청전'은 듣고 들어도 싫증나지 않았다. 소복단장을 한 '심청'이가 치마를 뒤집어쓰고 뱃머리에서 "아버지!" 하고 인당수로 첨벙 뛰어내리는 장면을 이야기할 때는 나도 뱃머리에서 뛰어내리는 기분이었다. 물로 뛰어들어 연꽃 속에서 심청이가 세상을 내다보는 장면도 눈앞에 보이듯 실감났다. 심봉사가 딸을 보기 위해 번쩍 눈을 떴을 때는 나도 상상을 했다.

"내 강아지 어디 보자!" 하시며 할머니가 눈을 번쩍 뜨는 상상을 했다.

늦은 밤까지 계속되는 이야기를 듣다가 나는 슬그머니 할머니 무릎을 베고 누워 따뜻한 아랫목에서 단잠에 들곤 했다. 이야기가 끝나면 어설피 깬 잠을 몰아내며 밖으로 나왔다. 대청마루 밑에 챙겨 놓았던 신발을 신겨드리고 구석진 곳에 두었던 냉기 도는 지팡이를 손으로 감쌌다가 할머니 손에 쥐어드렸다. 할머니의 손아래 나도 지팡이를 잡고 할머니가 놓을 발 자리를 지팡이로 찍어드리며 밤길로 나섰다. 버선에다 속곳만 입은 통치마 속으로 찬바람이 몰려들고 목덜미와 코끝을 싸늘하게 스치는 바람은 전신을 오들오들 떨게 했다. 지팡이를 잡은 손끝이 시려 오는 것이 너무 싫었다.

"할머이 내일 밤은 할머이 혼자 마을 가시면 안 돼?"

"그래라." 할머니는 그제야 내 마음을 알아차리시고 "춥지?" 하시며 묵직한 치맛자락으로 내 몸을 감싸 바람을 막아 주셨다. 얼굴과 지팡이를 잡은 손만 내놓고 쫍치던[3] 마실 길에 할머니의 무명치마는 내 동심의 아늑한 바람막이였다. 잔뜩 움츠렸던 어깨가 풀어지면 그제야 밤하늘이 훤히 올려다 보였다. 하늘의 그 많은 별이 마실 길로 쏟아져 내릴 것 만 같았다.

"할머이! 하늘 좀 봐! 별이 너무 많아! 떨어질 것만 같은데 왜 안 떨어지고 붙어 있어?"

"아직 늙지 않아서다."

그러면서 할머니는 제일 크고 빛나는 별이 내 별이라고 하셨다.

"할머이! 예쁜 별이 너무 많이 반짝거려 내 별을 찾지 못하겠어. 지팡이 잡고 있는 할머이별도 없고…."

대답은 안 하시고,

"별 하나, 강아지 하나! 별 둘 강아지 둘"

"별 하나 할머이 하나! 별 둘 할머이 둘!"

할머니를 따라 중얼중얼 읊는 소리를 들었는지 먼 산 밑에 있는 집에서 컹컹 하고 개 짖는 소리가 들려 왔다. 몸이 움츠려지고 머리끝이 오싹한다. 발걸음이 겁을 먹고 느려지고 땅을 찍는 지팡이 소리도 작아졌다.

---

3) 기가 꺾여 움츠러들게 만든다.

"괜찮다! 길을 가다가 개가 짖으며 따라오면 돌을 집는 척하고 엎드리면 도망간다. 하지만 미친개는 도망 안 간다."고 할머이가 일러 주셨다.

"할머이! 여기는 도랑이여" 하며 지팡이 끝으로 도랑 건너 땅을 콕 찍고 넓은 길로 나섰다.

"할머이 달이 너무 밝아! 그런데 난쟁이 그림자가 뒤에서 우리를 바짝 붙어서 따라오고 있어!"

그때 하늘에서 은빛 줄을 그으며 산 너머로 별똥별이 떨어졌다.

"할머이! 별이 산 너머로 떨어졌어! 산에 불이 나면 어떻게 하지?"

"할민 못 봤다!"

"정말 못 봤어?"

'왜, 안보일까? 저렇게 떨어지는 별을 볼 수 없으니 얼마나 보고 싶을까? 그리고 달과 별이 우리를 빤히 내려다보고 있는데 그것도 모르고!' 할머이처럼 나는 눈을 감아보았다. 캄캄한 세상이 무섭다. 어두운 세상에 사는 할머니가 갑자기 애처롭고 불쌍해졌다.

"할머이! 인당수는 어디에 있어? 나 빨리 커서 심청이처럼 될래!"

"아이고, 착하기도 하지! 크면 하늘 문 난 집으로 시집보내야 하는데!"

나는 그 말이 너무 좋아 신이 났다.

그렇게 마실에서 돌아오는 밤이면 할머니는 언니와 동생이 누워 있는 이불 사이로 들어가 누우신다. 내가 들어가 누울 자리는 없다. 나는 갑자기 외톨이가 되어 썰렁한 방안에 뿌루퉁하고 앉아있다. 잔뜩 웅그리고 이불 속으로 들어가면 따스한 할머이의 팔베개가 있다. 팔을 베고 품 안으로 기어들면 세상에서 제일 편안하고 양지쪽 같은 잠자리가 되었다. 그래서 언니나 동생을 밀어내고 할머이 곁으로 불러들이기를 기다리며 훌쩍거리고 앉아 있었다. 아무런 소리가 없으시다.

"할머이, 나 할머이 배 위에 올라가 자면 안 돼?"

"배 위에서 자면 할머니 숨을 못 쉬어 죽지!" 할머이는 발 쪽 이불을 들썩이시며,

"이리로 들어와. 할미 발 여기 있다. 내일 밤은 할미 곁에서 꼭 자게 할게!"

죽는다는 말이 무서워 할머이 발치로 가 누웠다. 얼음장같이 차고 뼈만 앙상한 발을 뺨에 대니 가슴이 찡하다. 할머이의 체취가 배어있어 가슴 쪽으로 두 발을 모아놓고 꼭 껴안았다.

"새 가슴만 한데 따뜻해서 좋구나!"

할머니 사랑이 모두 발끝으로 와 있다. 나는 강아지 새끼처럼 꼬물거리다 날개 달고 날아가는 듯 잠이 들었다.

그런데 아침에 일어나보니 두 눈이 딱 붙어버렸다.

"할머이 내 눈이 할머니처럼 붙었어!"

할머이는 눈에 혀를 대어 침을 바르신다.

"개씨바리[4]야! 썩 물러가거라… 이제 괜찮다."

붙었던 눈이 서서히 떨어지며 사방이 환하게 보였다.

내가 아홉 살 되었을 즈음 할머니는 나에게 하늘로 문난 집을 직접 찾아내라 하신다. 스무고개 놀이로 집이 '돼지우리'란 것을 알아냈다. 어려서부터 하늘로 문난 집을 상상하며 의문 속에서 많은 꿈을 꾸어 왔다. 할머니는 돼지처럼 잘 먹고, 잘 싸고, 잘 자고, 근심 걱정 없이 건강하게 잘 자라라는 뜻이라고 하셨다. 예로부터 돼지는 부(富)를 상징하는 동물로 믿어오고 있었다고 하시며 자라면서 손녀에 대한 할머니의 간절한 소망이셨다는 것을 알았다.

내 작은 세상에서 앞 못 보는 할머니의 강아지로 자라면서 할머니와 함께한 그 어린 시절, 나의 인성은 마실 방에서 들었던 할머니의 이야기들 속에서 싹이 텄고, 상상력과 창의력 그리고 미래의 꿈은 할머니의 칭찬과 사랑 속에서 키워냈다. 또한 하늘로 문난 집을 찾아가기 위해 부끄럼 없이 살기를 노력했다.

별이 하늘에서 떨어지지 않는 것은 "아직 늙지 않아서이다."라는 할머니 말씀. 늙어 삶을 마무리하는 날 할머니의 강아지별 하나 뚝 떨어지겠지.

---

4) 눈에 핏발이서고 눈곱이 끼어 몹시 눈 부시어하는 눈병을 속되게 이르는 말

눈물 속엔 그리움이 산다

그리움을 눈빛으로 그릴 것 같은 수채화 같은 날이다. 오늘따라 어머니가 더 그립다. 나에게 그리움의 의미를 처음으로 깨닫게 해주신 어머니….

어느 스산한 늦가을 저녁나절이다. 지붕이 있는 큰 대문 안에 할머니와 다섯 살짜리 나만 있고 다른 식구들은 보이지 않는다. 고개를 들고 물끄러미 먼 산을 바라보고 있는데 그곳에 엄니 얼굴이 어른거린다.

"할머이, 어머이 언제 와?"

"글쎄 말이다."

"어머이 빨리 오게 하려면 어떻게 해?"

"전보 쳐야지."

"갈 때 어머이가 세 밤 자고 온다고 했는데… 외갓집이 하늘만큼 땅만큼 멀어?"

"충주니까 멀지. 어미 언제 오나 니 머리 한 번 긁어 봐라."

할머니 말이 끝나자마자 나는 머리를 긁었다.

"어디 보자." 하시며 이마에 있는 내 손을 만져보신다.

"앞머리 긁는 것을 보니 고개 너머쯤 오겠구나!"

그 말을 들은 나는 슬그머니 일어나 대문 밖으로 나가 '시루목'고개 쪽을 한참 바라다보았다. 그리고는 대문 밖에 있는 사랑채 툇마루에 쪼그리고 앉아 머리를 긁적거리며 고개 쪽을 눈이 빠지게 바라다본다. 마음은 어머니가 있는 곳으로 달려가지만 고개가 막고 있어 그 너머론 더 갈 수가 없다. 머릿속으로만 이제 어머니가 어디쯤 오고 있을 거라고 상상하며 기다린다.

바람결에 굴러온 가랑잎들이 툇마루 밑에서 바사삭거린다. 또 다른 갈잎들이 쫓기듯 우르르 몰려든다. 몸을 가누지 못하고 파들거리며 서로들 비벼댄다.

'춥지? 어디서 왔어? 엄니 찾아가는 거야? 나도 엄니 기다리고 있는데…' 휙 하고 큰바람이 또 몰려오니 잎들이 바들바들 떨다가 빠르게 데굴데굴 굴러간다. 그걸 보고 있자니 언니가 종종 부르던 동요가 떠올라 혼자 하 번 불러본다.

가랑잎 데굴데굴 어디로 굴러가요

발가벗은 이 몸이 춥고 추워서
따뜻한 부엌 속을 찾아갑니다.

가랑잎들은 따뜻한 부엌을 찾아간다는데 나는 엄니를 어떻게 찾아가나! 부산하게 어디론가 굴러가는 가랑잎이 궁금해 마음을 가랑잎에 얹어 놓는다. 가랑잎은 세차게 굴러가다 훌쩍 위로 날아오르며 내 마음을 땅바닥에 내동댕이쳐놓고 걷잡을 수 없이 도망치듯 달아난다. 어디든 나도 따라가고 싶었는데….

목을 빼고 가랑잎 날아가는 쪽을 바라보고 있는데, 멀리 고개 쪽에서 보따리를 인 엄니가 보이는 듯하다. 나는 상상으로 있는 힘을 다해 활개를 치며 고개를 향해 뛰어가 본다. 가만히 앉아서 그렇게 마음속으로 수십 번 달려가 보아도 어머니는 여전히 보이지 않고 기다림만 깊어진다.

어느새 복숭아 빛 저녁노을이 우리 집 바깥마당으로 내려왔다. 그때 사시사철 말없이 우두커니 서 있던 전봇대가 갑자기 눈에 들어오고, 길게 늘어진 전깃줄은 엄니가 떠나던 '시루목'고개로 넘어가고 있는 것이 새삼스럽게 느껴졌다. '그래 전보를 치자!' 저 줄을 따라가면 어느 산 너머 하늘 아래 외가가 있을 것이다. '편지를 써서 전봇대에 달아놓으면 밤새 줄을 타고 엄니를 찾아가겠지!' 나는 곧 빛바랜 신문지 쪽지에 숯 덩어리로 동그라미를 그리고 그 속에 죽죽 눈물을 그렸다. 어머이한테 처음 쓴 편지. '됐다!' 어머이가 이 편지를 받으면 밤에라도 달려 올 것 같았다. 나는 편지를 전봇대에다 새끼로 묶어 놓았다. 불어오는 바람에 편지 끝이 파들거린다. 내 마음속에는 믿음과 바람, 그리고 기다림이 전부였다.

고운 하늘빛은 벌써 산 너머로 사라져 가고 회색빛 땅거미가 어슬어슬 마당으로 기어든다. 번뜩 무서운 생각이 들어 얼른 안채로 뛰어 들어갔다. 바람결에 대문이 삐걱거릴 때마다 어머이가 곧 들어설 것 같아 그쪽으로 눈길을 보낸다. 편지를 받은 어머이가 밤중이라도 달려올 것 같았다.

어둑한 새벽에 일어나 대문 틈으로 살그머니 내다보니 전봇대에다 매어놓은 편지가 밤새 엄니에게 가버렸다.

나의 간절한 기다림을 아셨는지! 그날 저녁나절 삐거덕 소리를 내며 문이 열리더니 어머이가 환하게 웃으시며 들어오신다.

"어머이 내 편지 받고 왔다!" 소리치며 맨발로 뛰어가 엄니의 품에 안기며 훌쩍거렸다. 편지 소리에 어리둥절해 하시며 내 등을 쓰다듬어 주시는 엄니의 눈동자 속에는 어젯저녁 붉은 노을 같은 빛의 눈물이 그렁그렁 괴여있다.

어릴 때 처음으로 어머니를 통해 느껴본 애절한 그리움 뒤의 환희의 눈물은 그 후로 내 마음속에 영원한 그리움의 샘을 만들어 놓았다. 마른 듯 깊숙한 곳에 있다가도 가슴이 뭉클하면

울컥 치솟는 모래 꽃 같은 눈물의 샘을. 일상 보는 전봇대이듯 늘 그리움을 떨쳐버리지 못하고 살아간다.

그리움의 정체는 무엇일까? 어린아이였던 그때 내 몸속에서 느꼈던 어머니를 향한 기다림, 보고 싶음, 허전함, 눈물, 고독, 고뇌, 아픔, 불안, 방황. 그것은 아마도 사랑하는 이와 함께할 수 없을 때 그 사람을, 그리고 그와의 사랑을 그리는 마음일거다. 그리움의 고향은 눈이다. 사랑하는 이는 눈앞에 바라보이는 데 있어야 한다. 그렇지 못해서 흘리는 눈물은 참기 어려운 그리움의 표현이며, 또 그리움의 병을 잠시나마 잔잔히 해소 시켜 주는 카타르시스(Catharsis)일 것 같다.

오디가 익을 무렵

- 뻐꾸기가 울면 오디와 어머니가 생각난다 -

해방과 6·25의 세대들에게는 먹지도 입지도 못했던 시절이 있었다. 송진을 껌으로 씹고, 옥수숫대와 삐삐기 풀의 속살을 씹어 단물을 빨아 먹기도 하고, 또 시경, 찔레순, 송기(松肌)[5]를 먹기도 했다. 그중에서도 가장 포만감을 느꼈던 것은 오디였다.

일요일 아침나절 햇살이 마당에 꽉 차 있다. 뻐꾸기 소리에 문득 어머니가 불쌍해졌다. 아침에 멀건 죽을 우리에게만 퍼주시고 어머니는 속이 편치 않아 나중에 드시겠다고 하시며 부엌으로 들어가셨다. 먹고 난 뒤에야 일부러 굶으시는 어머니를 생

---

5)소나무 어린 가지에 속껍질

각하니 눈물이 핑 돌았다.

강 건너 오디가 한창이라는 이웃 아주머니의 말이 생각나 빈 주전자를 들고 무작정 집을 나섰다. 뽕나무밭을 찾아 헤매었으나 오디는 보이지 않는다. 호젓한 강변을 끼고 미루나무만 밭둑에 즐비하게 서 있다. 옥양목 닮은 구름자락만 내 속도 모르고 한가롭게 나뭇가지에 걸려 있다.

오디나무를 찾아 이리저리 정신없이 헤매다 보니 달아오른 얼굴은 비지땀으로 범벅되어 흐르고 다리는 맥이 풀리며 정신이 몽롱해진다. 먹음직스런 오디를 한 주전자 따 담아가 어머니를 기쁘게 해 드리려는 생각으로 신이 나게 집을 나왔는데 허사가 됐다. 집으로 돌아갈 일이 까마득하다.

몇 번이나 가지 말라고 말리셨던 근심 어린 어머니의 얼굴이 파들거리는 미루나무 잎사귀에서 어른어른 떠오른다. 텅 빈 주전자를 보니 맥이 풀린다. 불쌍한 어머니가 나 때문에 더 불쌍하게 되면 안 되는데, 기다리고 계실 어머니를 생각하니 정신이 번쩍 든다.

돌아오는 길, 여울물은 허기져 휘청거리는 다리를 붙잡고 씨름 하듯 장난을 친다. 넘어지면 안 된다. 아버지 술 받으러 갈 때 쓰는 주전자를 놓치면 그것은 어머니의 또 하나의 걱정거리가 된다. 전신의 힘을 발끝으로 모아 미끄러운 여울물 돌에 다슬기처럼 발가락들을 붙였다. 아차! 하는 순간 뒤로 벌러덩 하고 미끄러져 넘어졌다. 물에 빠진 생쥐처럼 퍼덕거리다 순간 손에 쥔 주전자를 놓치고 말았다. 빈 주전자는 물결을 타고 꼬리를 흔들듯 살랑살랑 깊은 물로 멀어져 간다. 술 주전자에 아버지의 얼굴과 어머니 얼굴이 번갈아 보인다. 가물에 호박잎 늘어지듯 축 늘어져 집으로 돌아왔다.

또 이런 날도 있었다. 공부가 끝나자 반 아이들이 학교 뒷산 쪽으로 뛰어들 갔다. 나는 오디가 제일 많은 나무로 원숭이처럼 올라갔다. 뽕잎 사이마다 달린 푹 익은 검은 자줏빛의 오디들을 한 옴큼씩 따 입에 넣으니 그 맛이 달큼하고 향긋하여 정신없이 따 먹었다.

주위가 조용해 살펴보니 나만 나무에 매달려 있고 친구들은 없어졌다. 어둑해진 사방, 겁이 덜컥 났다. 급하게 나무에서 뛰어내리는 순간 뒷덜미를 잡혔다. 내 몸이 공중에 거꾸로 매달려 있다. 밤이면 도깨비불이 보이고, 비가 와 날씨가 구질구질한 날은 귀신이 나온다는 곳인데, 바로 내가 걸려들었다. 정신이 아찔해진다. 사지를 허우적대다 익은 감이 나무를 떠나듯 순간 땅으로 툭 떨어진다. 죽을힘을 다해 뛰었다. 그런데 뒤에서 치맛자락을 잡아당기며 누군가 자꾸 따라서 오고 있었다. 뒤돌아볼 사이도 없이 한발이라도 더 뛰어야 했다. 뛰면 뛸수록 더 빨리 끈질기게 따라온다. 붙잡히지 않으려고 있는 힘을 다해 내

달려 마침내 외딴집 앞에 와 털썩 주저앉아버렸는데 이상하다! 아무도 없다. 살펴보니 찢어진 치맛단에 큰 뽕나무 가지가 매달려 있다.

어떻게 해! 이것은 어머니가 새벽부터 이슬 밭에서 뽕을 따고 밤잠을 거르시며 누에를 쳐 손수 짜신 명주를 팔아 만들어 주신 치마인데…. 새 치마를 입고 자랑하고 싶어 다른 때보다 학교에도 일찍 갔었다. 남몰래 어루만지며 온종일 때 묻을세라 아무 자리나 앉지도 않았었다.

큰 죄라도 지은 것처럼 식구들의 눈길을 피해 늦게 집에 들어갔다. 저녁도 거른 채 방구석에 웅크리고 앉아 있다가 찢어진 치마를 돌돌 말아 꿍쳐놓고 잠이 들었다.

다음 날 아침이다. 치마가 벽에 걸려있다. 그것도 말끔하게 꿰매어져서. 나는 말없이 아침 내내 어머니의 눈치만 살폈다. 퀭한 엄마의 눈에 눈물이 고인 듯 슬픈 눈빛으로 한마디 던지신다.

"저녁은 먹고 잤어야지!"

그러시고는 다른 때보다 나에게 죽을 더 퍼 주신다.

밤새 내 머리맡에서 오디 물로 얼룩진 입가를 보시며 찢어진 치마를 꿰매셨겠지. '저게 얼마나 배가 고팠으면 저 꼴이 되었을까.' 마음 도려내듯 아픈 심정으로 고단한 밤 시름에 빠지셨을 어머니. 지명에 왜 그리도 서둘러 가셨을까! 지금은 먹을 것 지천인데…. 조금 더 기다리시지. 어머니를 떠올리면 눈물이 돈다.

오디가 검은 자줏빛으로 무르익고 거기다 뻐꾸기까지 울면, 그때 그 시절로 돌아가 밤새 치마 꿰매시던 어머니 입에 잔뜩 오디를 넣어드리고 싶다. 오디가 없으면 지금 내가 제일 좋아하는 오디 빛 닮은 체리라도.

어머니가 정말로 신기해하시며 좋아하실 텐데….

인연의 띠

- 등짐 -

타오름 달 8월 초하루에 시작한 개성에서 평창까지의 800여리 뙤약볕 길. 스쳐 가는 '인연'이란 끈에 묶여 그 화독 같은 터널을 빠져나오는데 꼬박 8일이 걸렸다.

1950년, 그때 나는 개성여자중학교에 입학하여 언니와 개성에서 학교에 다니고 있었다. 나머지 식구들이 마지막 정리를 하고 곧 평창에서 이사 오기를 고대하며 어머니가 그리워 눈물로 나날을 보내고 있었다.

그러던 어느 날 꼭두새벽에 천둥 치는 듯한 소리에 잠을 깨었다. 집이 흔들릴 정도의 요란한 소리에를 처음 듯는 순간 뭔가 심상치 않음을 느꼈다. 옆집 아주머니가 다급하게 집으로 달려와 전쟁이 났다고 일러 주었다.

그날은 6월 25일 두 밤만 더 자면 우리 집 식구들이 모두 개성으로 이사를 오기로 한 날이었다. '이제 어떻게 하지?' 앞이 캄캄해졌다. 끼니를 건너뛰며 겨우 연명해 나가고 있을 때 마침 어렴풋이 알고 있는 아주머니가 평창으로 내려간다고 하기에 용기를 내어 따라가기로 했다. 집에 남아서 집을 지키기로 한 언니는 나에게 먼 길 가면서 짐이 있으면 고생한다고 가지고 있던 몇 푼을 속옷에 찔러주었다.

시골뜨기가 중학교에 합격했다고 하여 아버지가 선물로 사주신 운동화를 신고 홀가분하게 맨몸으로 약속 장소인 선죽교로 나갔다. 아주머니는 꽤 큰 보따리에 다섯 살 된 사내아이를 업고 기다리고 계셨다. 이고 업고 힘겹게 시내를 벗어 나오는 데만 반나절이 걸렸다. 이제는 뒤돌아갈 수도 없었다. 하루라도 빨리 어머니와 식구들을 만나기 위해 아기보다 가벼워 보이는 보따리를 내가 이겠다고 했다. 아주머니는 기다렸다는 듯 선뜻 내 머리 위에 보따리를 올려놓았다. 일어서지도 못하고 내가 그냥 주저앉아버리자 아주머니는 떨어지지 않으려는 아이를 내 등에 업히고, 띠로 둘둘 감아 꾹꾹 묶으셨다. 나는 힘이 부쳐 비틀거렸다.

뙤약볕 열기로 몸은 후끈 달아오르는데 아이는 엄마한테 가겠다고 버들정대며 울어댄다. 짜증이 난 나는 아이의 울음을 그치게 하려고 엉덩이를 꼬집자 아이는 더더욱 큰소리를 내며 운다. 순간을 참지 못하고 한 나의 행동이 너무나 부끄러웠다.

개성 집에 언니를 혼자 남겨 두고 나 혼자 엄마 찾아 떠나온 것도 후회되고, 또한 생각지도 않은 아이를 업은 것도 힘에 부치다 보니 눈물과 땀방울이 범벅되어 흘러내렸다. 등에서 울다 지쳐 잠든 녀석이 측은하기도 하였다. '잘 업고 가야지! 엄마를 찾아가는 길인데…' 지나가는 사람들이 "애가 애를 업고 가네." 하며 혀를 찼다.

그러는 어른들의 말과 눈길에 힘을 얻었다.

그런데 '임진강' 다리가 폭격에 끊어져 서울 쪽으로는 갈 수가 없다고 하니 낭패다. 하지만 고향 강을 떠올리며 용기를 일치 않고 벌판길로 들어섰다. 쑥대 숲엔 철 기둥 같은 이상한 물건들이 양쪽으로 즐비하게 담처럼 쌓여 있었다. 터널 같은 곳을 빠져나가자 눈앞을 가로지르며 나타난 강, 짙푸른 물결이 나를 잡아 삼킬 듯 출렁거리며 흘러가고 있었다. 그렇게 크고 깊을 강은 난생 처음 보았다. 막막함으로 전신에 힘이 쭉 빠지며 마치 그 흐르는 강물이 나를 끌어 들일 듯 으스스했다. 바로 그때 쑥대밭에서 불쑥 나타난 보초병이 난데없이 따발총을 우리에게 들이댄다. 가까이에서 처음으로 목격한 인민군이다. 순간 정신이 아찔하고 눈동자가 굳어버렸다.

"여기는 전부 폭탄밭이요! 빨리빨리 뒤돌아 나가시오!"

얼떨결에 뒤돌아섰지만 뒷덜미로 총알이 날아와 박힐 것만 같았다. 달아오른 모래벌판 열기가 종아리로 몰려들어 바늘로 찌르는 듯 정신 못 차리게 따가웠다. 모래밭에 발은 묻히고 등에 업은 아이의 늘어진 다리가 내 정강이를 거치적거려 등짐 같은 아이는 천근이었다. 단숨에 빠져나가야 하는데 살아나려고 나가는 길이 마치 죽으러 가는 길처럼 아득했다. 마치 칼날 위를 걷는 것처럼 정신을 가다듬고 그곳을 줄기차게 빠져나왔다.

그때 마침 지나던 사람이 도강하는 고깃배가 있는 곳을 은밀하게 알려주기에 우리는 나루터를 찾아갔다. 사공은 첫마디에 폭격 때문에 낮에는 안 되니 밤까지 기다리란다. 멀리 강원도까지 가야된다는 말에 안쓰러웠는지 퉁명스럽게 말한다.

"비행기가 뜨면 나는 살 수 있지만 당신네는 책임 못 져요."

갈대숲을 지나 나루터로 나갔다. 사공이 시키는 대로 배 바닥에 무릎을 꿇고 엎드리자 쑥대로 등을 덮어주었다. 질척한 배 바닥에 얼굴을 가까이 하고 "하느님! 어머니!"를 연실 불러댔다. 배가 강 복판을 지나가고 있을 때다. 먼 하늘 산봉우리 위로 제비처럼 떠오는 비행기가 보였다.

"어머니! 나 임진강 배 위에서 비행기 폭탄 맞고 죽어요. 찾지 마세요."

'죽을 때 죽더라도 보고나 죽자!' 하며 하늘을 힐끗 쳐다보는 순간 마지막 제트기가 산 너머로 사라지고 있었다. 마침내 배 밑으로 희미하게 물돌들이 보이기 시작했다. 허둥지둥 배에서 내려 폭탄을 쌓아놓은 벌판을 또 정신없이 빠져 나왔다.

어둑한 새벽 눈을 떠 땅거미 질 때까지 걸어야 하고 해가 지면 쉬어갈 잠자리를 찾기에 급급했다. 산속 외딴집을 만나면 외양간 옆자리를 빌려 워낭소리 들으며 잠이 들었다. 또한, 가마니 깔고 처마 밑에 누우면 쏟아져 내리는 별들이 눈물방울로 보였다. 하늘 복판으로 흐르고 있는 은하수는 어머니의 품같이 느껴졌지만, 너무 멀리 있어 안길 수가 없었다. 새우잠 속에 고래 꿈을 꾸며 달빛을 이불 삼아 눈감으면 주르르 흐르는 눈물 속에 어머니 얼굴이 어른거렸다.

날이 새면 산 넘어 보이는 먼 하늘 아래 계실 어머니를 향해 또 걸었다. 사 먹거나 얻어먹던 수북한 밥그릇보다 어머니는 내게 더 큰 힘이 되어 주셨다. 하늘의 뜻이든 전쟁의 뜻이든, 우연이건 기연이건 간에 우리 동행의 인연이란 놀라웠다. 어머니를 찾아가는 길! 아주머니는 나를 인도해 주셨고 나는 그 아주머니의 아이를 업고 따라갔다. 무거운 사내아이를 나에게 꼭 묶어 놓은 띠는 낮에는 놓칠세라 힘든 나를 부추겨주었고, 밤이면 나의 베개가 되어 주었다. 마침내 악몽 같았던 긴 8일간의 봉당에서의 밤잠도 끝났다.

우리는 날이 밝기도 전에 마지막 길을 나섰다. 동터오는 하늘이 찬란했다. '문재' 고갯마루에 이르렀다. 그동안 몇 끼를 굶었는지 배가 몹시 고파왔다. 길가에 앉아 파는 도토리묵을 사놓고 먹으려는 순간 왈칵 어머니의 냄새가 솟구쳤다. 목이 막혀

넘길 수가 없다. 이제 저녁이면 식구들과 엄니를 만나게 된다. 그대로 일어서 결승선을 향하는 경보 선수처럼 걸었다.

해질 무렵이 되었을 때 드디어 평창 시가지에 다다르니 낯익은 시가지가 나를 으스러지게 안아주었다. 우리는 서로에게 작별을 고했다. 나는 그동안 내 등에 무거운 등짐으로 그리고 또 나의 분신과도 같이 붙어있던 그 아이를 아주머니에게 넘겨주었다.

그러고는 집을 향해 있는 힘을 다해 뛰어갔다. 마침내 집 마당 앞을 들어서려니 나를 보신 아버지께서 거지취급을 하신다.

"한 숟갈 얻어먹으려면 제때에 왔어야지!"

물끄러미 바라보고 계시던 어머니가 갑자기,

"태희가 아니야!" 하시며 맨발로 달려 나와 나를 얼싸안으신다.

"언니는?"

해마다 8월 1일은 나에게 또 하나의 생일 같이 기억되는 날이다. 잠시나마 전쟁 미아로 처절하고 참담하게 보냈던 그 8일간 앙상하게 뼈만 남아 거지같았던 나의 어린 모습이 오랜 세월이 지나도 지워지지 않는 한국전쟁의 기억으로 남아 있다. 13살의 아이가 작은 아이 꾹꾹 졸라매고 맺었던 그 생사의 인연 그 아이는 지금 어느 하늘 아래 살고 있을까? 또한, 그때 인내가 그렇게 길들여지지 않았더라면 어찌 내가 오늘 이렇게 존재하겠는가?

무 꽃

“언니! 퇴직하고 나서 시간이 많이 날 텐데 이제 동생 사는 것도 보실 겸 한번 오셔서 푹 쉬고 가세요.”

그 말에 용기를 내어 충북 횡성에 사는 동생 집으로 향하는 버스를 탔다. 가슴 속 깊이 애절하게 묻어두었던 동생 삶의 모습들이 마치 무 꽃차례처럼 피어난다.

어머니가 지명에 돌아가셨을 때 동생 나이는 14살이었다. 동생은 어렸을 때 서양 인형처럼 예뻤다. 박꽃처럼 흰 살결에 사슴처럼 큰 눈 그 눈동자 속엔 언제나 내가 들어가 있어 신기하기만 했던 막내였다. 어린 나이에 엄마를 여의고 서울에 올라가 제 오빠와 살며 이십 대 초반에는 여자로서 흔하지 않은 택시기사를 하기도 했었다.

터미널에 나와 기다리던 동생은 이순(耳順)이 무색할 정도로 어린아이처럼 소리치며 뛰어와 반갑게 안는다. 그렇게나 좋은지 연실 싱글벙글하며 시내에서 조금 떨어져 있다는 과수원집을 향해 신나게 달린다. 한창 젊었을 때의 자신만만하고 멋스러웠던 모습은 보이지 않고 이제는 소탈한 시골 아낙의 모습이다. 젊어서 곱던 얼굴엔 검버섯이 하나둘 돋아났고, 맑고 신기했던 눈 속은 붉은 실핏줄로 충혈되어 있다. 지나간 세월의 그늘 같아서 가슴이 찡하다.

동생은 집으로 들어서자 주방으로 들어가 부산하다. 꿈만 같아 물끄러미 바라보고 앉아 있자니, 눈언저리와 입가에 진 주름이며 소매를 걷어 올리고 일하는 모습이 영락없는 어머니의 모습이다. 오늘 같은 날 어머니까지 생각나 넋을 놓고 앉아 있다가 슬그머니 일어나 밖으로 나갔다.

과수원 하늘 위로 두 가닥 실개천 같은 구름이 흘러간다. 이곳은 동생이 30대 초반에 불모지 야산을 과수원으로 일구어놓고 정착한 곳이다. 나무마다 동생의 손길이 살갑게 묻어난다. 나무들 사이로 어둠이 밀려올 때까지 서성거리다 집안으로 들어서니 거하게 차려진 저녁상이 기다리고 있다.

밤이 되니 외딴집은 고요하고 평화롭다. 도란도란 이야기를 주고받다가 환한 불빛에 언뜻 턱밑의 볼거리 흉터가 눈에 뜨인다. 50여 년 전 한국동란 중 동생이 두 살이었을 때 생긴 흉터다. 피난 갈 준비로 밤늦도록 온 가족이 모여 앉아 각자 자기가 먹을 양 만큼의 쌀자루를 만들고 있었다. 아버지는 "첫째, '생명 주머니'인 쌀자루를 어떠한 경우라도 꼭 몸에 지닐 것. 둘째, 폭격하면 한데로 모이지 말고 각자 얼굴과 배를 땅에 대고 엎드릴 것." 이것이 전쟁 중에 살아날 수 있는 유일한 방법이라고 하셨다. 그때, 아랫목에서 끙끙 앓고 있던 막냇동생에 대해서는 아무런 말씀이 없으셨다.

아침에 일어나보니 동생의 한쪽 볼이 돌처럼 딱딱하고 벌겋게 성을 내며 일그러져 있었다. 눈도 뜨지 못하는 동생을 안고 어머니와 같이 다급하게 병원으로 달려가 문을 두드렸다. 하지만 병원 사람들도 이미 다 피난을 나간 후였다. 동생의 위급함에 당황한 어머니의 얼굴에는 식은땀이 비 오듯 흘렀다. 내가 동생을 업고 가겠다고 나섰다. 그때 열세 살이었던 나는 내 몫의 쌀자루를 머리에 이고 동생을 업었다. 산 너머에서는 대포소리가 천둥 치듯 요란했고 당장에라도 인민군 트럭들이 밀어닥칠 분위기였다.

우리는 온종일 걷기만 했다. 음산한 날씨는 금방 눈이라도 퍼부을 것 같았다. 그런 저녁 무렵에야 여덟 식구가 눈밭에 둘러앉아 주먹밥 보따리를 풀었다. 그때 등에서 꼼짝도 안 하던 동생은 죽은 듯했다. 피난길에 산 사람의 앞길도 암담한데 어린 딸의 등에 업혀 죽은 듯 축 늘어져 있는 동생을 보신 아버지는 화가 나셔서 논둑 너머 갖다 버리라고 하셨다. 나는 아버지의 무서운 호령에 못 이겨 동생을 등에 업은 채 아버지 눈길을 피해 피란민 대열 속으로 슬쩍 숨어들었다. 죽었어도 버릴 수가 없었다.

"하느님! 동생을 살려주세요! 제발 살려주세요! 아니면 저도 함께 죽게 해주세요."

흥분한 상태에서 눈물을 쏟으며 마구 중얼거렸다. 내 곁을 스치며 지나가는 사람들은 미친 아이로 생각했는지 흘깃흘깃 쳐다보며 피해 갔다. 그때 업혀 있던 동생이 꼼지락거렸다. 내가 중얼거리는 말을 듣고 긴 잠에서 깨어났나 보다.

지금 생각해보면 그때 불덩어리를 업고 머리에 쌀자루를 이고 온종일 힘겹게 걸었던 덕이 컸던 것인가! 따뜻한 내 체온에 동생은 종일 아픈 곳을 쓰적대다 제물에 곪아 터진 볼거리로 긴 잠이 들었던 게 아닌가 싶다. 이렇게 의젓하게 잘 살아가는 동생을 그때 버렸으면 오늘 같은 밤을 함께 지새울 수 있겠는가! 동생이 겪은 고난의 흔적, 턱밑의 볼거리 상처가 그때를 말해주듯 그대로 있지만 열심히 살아온 동생이 대견하고 고맙다. 두런두런 이야기 속에 밤은 깊어 간다.

"언니는 꼭 엄마 같아서 늘 엄마 보고 싶으면 언니 보면 된다고 생각했어요. 건강해야 해요." 하며 손을 꼭 잡아 쥔다. 뜨거운 밤이다. 이렇게 지새우기엔 너무 짧기만 한 밤이다.

이른 새벽, 뜰로 나서니 나지막한 굴뚝에서 나오는 연기가 하늘로 오르지 않고 과수원 땅바닥으로 구물거리며 퍼져난다. 그 속에서 얼핏 떠오르는 꽃이 하나 있다. 꽃망울을 맺어 나가며 끊임없이 피어나는 무 꽃차례다. 그 무꽃은 여려 보이지만 그 꽃으로 씨를 만들어 큼직한 무를 키워낸다. 마치 내면의 강인한 꿈이 있어 큰 뿌리를 만들어내는 것이 꼭 내 막냇동생 미숙이를 닮았다.

"언니! 언니! 아침 드세요."

과수원이 떠나갈 듯 소리 소리친다.

사랑의 향기

안개가 자욱한 날이면 문득 생각나는 아이가 하나 있다. 초등학교 4학년 때 한 반이었던 '연홍'이.

눈을 비비며 마을 어귀에 있는 공동 두레우물터로 세수하러 나갔다. 두레박 가득 힘겹게 끌어 올렸지만 깡통 조각으로 이어 만든 두레박은 나이를 먹은 탓에 물을 제대로 간수 못 하고 다시 우물 속으로 소낙비 퍼붓듯 쏟아 버린다. 물 반 소리 반 퍼 올리고 있었다.

그때, 얼굴도 전혀 본 적 없는 젊은 아낙네가 물동이를 내려놓으며 선뜻 말을 걸어왔다.

"너 피난민이지?"

"네!"

"그럼, 너 혹시 사진관 집 둘째 딸 안태희가 맞니?"

"네, 그런데요!" 생판 모르는 사람이 뉘 집 딸이며, 이름까지 알고 있다는 것이 의아하면서도 당황스러웠다.

"잘 만났다! 네게 꼭 전해 줄 말이 있어서 피난길에서도 혹시나 너를 만날까 하고 찾던 중이었다."

"왜 그러시는데요?"

"내 시동생의 부탁을 전해주지 못하면 어쩌나 하고 많이 걱정했는데, 형수의 도리를 할 수 있게 되어 퍽 다행이구나! 나는 노연흥의 형수가 되는 사람인데…."

"연흥이는 초등학교 제 동창이에요."

"연흥이는 20여 일 동안 장티푸스를 앓다가 피난 나오기 전전 날 밤 멀리 갔어! 시동생이 가던 날 밤 네 이름을 부르며 많이 찾았지. 네가 많이 보고 싶다며, 할 말이 꼭 있으니 너를 데려다 달라고 형수인 내게 목이 메도록 졸라댔다. 하지만 그럴 수가 없었다. 말을 꼭 전해 달라고 하며 안태희 네 이름을 마지막으로 부르고 갔어."

나는 무슨 말인지 어리둥절했다. 그 아주머니는 아직 슬픔이 가시지 않았는지 앞치마를 걷어 올려 눈물을 훔쳐냈다.

나는 그런 아주머니의 얼굴을 멍하니 쳐다보며 아무 말도 못했다. 속으로는 '죽을 것 같으면 부르러 오지! 그랬더라면 갔을지도 모를 텐데' 하며, 그 애가 왜 나를 찾았을까? 의아해했다.

그러면서도 동창생의 죽음이 믿어지지 않았다. 아주 건강한 아이였는데. 마치 하늘의 큰 별이 뚝 떨어진 듯 너무 안타까웠다. 나는 그 아이의 죽음을 부정하고 싶었지만 엄연한 현실 앞에는 거짓이 따를 수 없음을 어린 나이에도 어슴푸레하게나마 알고 있었다.

그 후로 내가 열다섯 나이로 커가면서 그것이 그 아이에게는 사랑이었을지도 모른다는 생각이 들었다. 국방색 당고(짬짜미)바지에 번쩍번쩍 빛나는 금색 단추가 많이 달렸던 옷을 주로 입어 꼭 왜정 시대의 순사 차림을 연상케 하는 모습의 그 애를 기억한다. 그 애는 남달리 검은 피부를 가져 큰 눈의 흰자가 유독 희게 보였다. 누런 이가 앞으로 좀 나와 있어 꼭 토인 같은 인상을 주었는데, 노래를 잘 불러 아이들은 그 아이를 흑인 가수라 불렀다. 학예회 때는 독창을 했던 아이다. 큰 입엔 항상 웃음이 일었다. 선생님이 각자의 희망을 물었을 때 그 애는 세계적으로 유명한 성악가가 되겠다고 자신 있게 뜻을 밝히기도 했다.

음악 시간이면 당연히 앞에 나와 시범으로 노래를 부르곤 했다. 노래를 부를 때마다 그 애의 큰 눈에는 슬픈 듯한 눈물이 고이는 듯했는데 그러면 그 애는 옷소매 끝으로 흘러내린 누런 코를 쓰윽 닦곤 했었다.

그러다 앞줄에 앉아 있던 나와 눈이 마주치면 그 애는 얼른

창 쪽으로 시선을 피했다. 그땐 그 애 눈에 눈물이 고여 있었던 이유를 몰랐다. 학예회 날, '날 사랑하시던 어머니 어디 갔나'를 독창하고 나서 늘 코밑을 스치던 옷소매가 눈 쪽으로 올라가 눈물을 닦으며 겸연쩍게 무대 뒤로 사라졌던 아이다. 그 후 우리 반 아이들은 그 아이의 어머니가 돌아가시고 안 계시는 것을 처음 알게 되었고 그래서 한편으로는 그 애를 항상 불쌍하게 여겼다.

그러던 어느 날 학교에서 집으로 돌아오던 중, 갓길에 앉아 있던 그 애가 내가 가까이 가자 길에다 분필로 흰 줄을 가로질러 죽죽 그어 놓고,

"이 줄을 건너가면 너 나 좋아하는 거다!" 했다. 나는 그 금을 발로 쭉쭉 지워 버리고 태연하게 걸어갔다. 그러자 그 애는 저만치 앞질러 뛰어가서 또 금을 그어 놓았다. 나는 아무렇지도 않게 그 금을 무시하고 걸어갔다. 그 애는 돌부리를 툭툭 발로 차나며 뒤따라오다가 할 말이 그렇게도 없었는지,

"너, 나 노래할 때 왜 빤히 쳐다봤어? 너는 피아니스트가 되고 싶다고 했잖아! 그러면 네가 피아노치고 나는 노래하고 그러면 좋겠다. 히히…." 하고 주절거렸다.

나는 어린 그에게 첫사랑이자 짝사랑이었던 것일까? 나에 대한 기억을 가지고 영영 돌아올 수 없는 머나먼 나라로 가 버린 초등학교 동창생 노연흥.

나는 할머니로 늙어 가는데, 65년 전 13살 소년이 저만치 서 환하게 웃고 있다.

그 아이의 형수가 나에게 아련한 소식을 전해주고 물동이를 이고 안개 속으로 총총히 사라졌기 때문인가? 오늘같이 안개가 낀 날이면 가끔 그 아이 생각이 난다.

버들피리

물오름 달이 되어 아지랑이가 피어나면 버들피리 소리가 환청으로 들린다.

그때 내가 13살 한국전쟁 때이다. 우리 식구들은 밤낮없이 계속되는 피난 행렬에 밀려 평창에서 안동 예안까지 내려갔다.

그 당시 개성에 혼자서 학교에 다니고 있던 언니의 소식이 끊어지자 어머니는 날이 갈수록 생기를 잃으셨다. 어머니의 그렁그렁한 눈에는 늘 언니가 어른거렸다. 그런 와중에도 소실 때문에 아버지로부터 밀려나 뒷전에 있던 어머니가 매우 안쓰러웠다. 가슴앓이로 가성소다를 늘 드셨던 어머니의 온몸에서는 슬픔이 부글거렸다. 하루가 다르게 야위어가는 어머니의 모습에 나의 가슴이 타들어 갔다.

그러던 어느 날 나는 장에 나갔다가 장티푸스 예방 주사를 맞고 들어와 밤새도록 앓고 아침까지 누워있었다. 어머니가 나물 다래끼를 허리에 끼고 대문을 나가신다. 삶의 무게들이 온몸에 두덕두덕 붙어 무거워 보였다. 누워있으라는 어머니의 말을 마다하고 따라나섰다. 힘겹고 외로워 보이는 어머니 곁에서 조금이나마 위안이 되고 싶어서였다.

마을을 벗어나 나무 한 그루 없는 야산을 오를 무렵이었다. 갑자기 전신의 힘이 쭉 빠지고 다리가 후들후들 떨리며 진땀이 솟았다. 도저히 한 발자국도 더는 옮길 수가 없었다. 어머니를 힘들게 하면 안 된다는 생각에 나는 산에 올라가기 싫다고 억지 부리는 척하며 밭두렁에 주저앉았다. 희미해져 가는 어머니의 뒷모습을 바라보다가 그 자리에 정신없이 누워버렸다.

그리고 시간이 얼마나 지나갔을까? 꿈속인 양 어디선가 은은히 들려오는 가냘픈 피리 소리는 구슬프게 전신을 파고들었다. 삘 일리 리! 삘 일리 리! 눈을 뜨니 강물처럼 흐르고 있는 파란 하늘 아래 혼자 누워있었다. 몽롱한 상태에서 정신이 들어 소스라쳐 일어났다. 아무도 없는 산골짜기 여기저기 둘러보아도 어머니는 보이지 않고 끊이지 않는 피리 그 소리는 점점 가까워지고 있었다. 구성진 그 소리에 근원은 어머니인 듯했다.

"어머니! 어머니!" 불렀지만 대답이 없다. 산 아래 논둑에 있던 사금파리 조각이 반짝하고 나를 쏘아보았다. 사방에는 아지랑이가 아른거리고 봄 햇살이 다랑논 둑으로 눈부시게 쏟아져 내리고 있었다. 그리고 그 영묘한 피리소리는 계속 이어져 온 골짜기에 화음으로 메아리쳤다. 가슴이 터질 것 같은 슬픔이 전신을 감쌌다.

그때 산등성에서 어머니가 다래끼를 허리에 차고 쌍피리를 불며 내려오셨다. 온몸에 주렁주렁 매달려 있던 세상의 온갖 시름을 다 털어 버리신 듯. 하지만 어머니를 둘러싸고 퍼져 나오는 그 소리는 나의 애간장을 녹이고 있었다. 천상계에서 내려오는 슬픈 선녀의 모습인가! 빛바랜 무명옷에서 빛이 났다. 그 빛은 환한데도 슬픈 빛이다. 나는 논둑에 엎드려 꿀꺽꿀꺽 울음을 삼켰다. 몽당치마에 붉은 댕기 머리를 한 어릴 적 어머니의 모습을 상상한다. 피리소리는 마치 외할머니를 그리는 어머니의 울음소리로 들려왔다. 한숨에 뛰어가 어머니를 부둥켜안고 싶었다.

그때 들렸던 그 애잔한 버들피리 소리는 아마도 어머니의 삶에 한 맺힌 절규였으리라는 생각이 든다. 시집오던 날 가마 속에서 참아냈던 슬픈 이별의 소리이고, 앞 못 보시는 시어머니의 시집살이를 풀지 못하고 살아온 어머니의 가슴앓이며, 언니를 찾아 헤매는 통곡의 울음소리였을 거다. 또한, 남편에게 버림받은 분노의 울부짖음이었고, 외할머니가 그리워 풀어내는 가슴 찢는 그리움의 소리였을지도 모르겠다.

내가 자식을 기르면서, 또 세상을 살아오면서 어머니의 삶을 생각할 때가 종종 있었다. 어머니가 처하셨던 그때를 생각하면 미치시지 않은 것만도 천만다행이다.

절망 앞에서도 오로지 강한 모성애로 꿋꿋이 견디어 내신 어머니다. 그런 어머니의 모습은 먹이가 궁할 때는 새끼들에게 어미의 가슴살을 찢어 먹여 자신을 희생한다는 '펠리컨'[6] 새를 생각나게 한다. 어머니의 가슴에 내 마음에 아직도 생생히 남아있는 청아한 버들피리 소리를 훈장으로 달아 드리고 싶다.

어머니!

봄이 오면 앞 개울가로 나가 버들피리 만들어 불며 '어머니'를 불러 보고 싶어요.

---

6) 먹이가 궁할 때 어미의 가슴살을 찢어 먹이고 희생 하는 새

구름의 날개

한낮 뙤약볕에 널어놓은 이불 홑청이 구름처럼 눈부시다. 그 홑청 사이로 손녀 둘이 숨바꼭질하듯 빠져나오면서 부서지는 웃음소리가 하얗게 퍼져난다.

중학교 2학년 여름방학 때의 글짓기 숙제가 생각난다. '세 사람이 죽어 있다.'라는 주제로 추리 소설을 짓는 것이었다. 동생의 학비를 위해 오빠 친구 두 사람과 함께 범죄를 계획하여 성공했으나, 모두 돈에 욕심이 생겨 각자 꿀물과 소주에 독약을 넣어 서로 상대에게 마시게 한 것으로 끝을 맺었다.

노력의 흔적과 애절했던 감정표현 때문인지 칭찬을 받았다. 그 후 상급 고등학교에서도 내 글을 교육자료로 활용하였는지

선배에게서 '어린 소설가'라는 말을 듣기도 했다. 그러던 어느 날 고등학교 국어를 가르치시는 설악(雪岳) 이도건 선생님께서 '아름다운 구름' 뜻의 아운(雅雲)이란 호(號)를 내게 주셨다. 행운이었지만 부끄럼이 많은 나이에 그 의미를 여쭈어 보지 못하고 있다가 기회를 놓쳤다. 그 선생님께서 일찍 하늘나라로 가셨다는 소식을 뒤늦게 들었다. 문득 선생님이 떠오를 때마다 왜 '아운'이라 하셨을까 의문을 많이 가졌었다.

어찌했든 한순간도 머물지 않는 구름의 속성이 마치 수시로 변하는 내 마음 같았다. 목화구름엔 물레질 하는 화사한 어머니의 얼굴이 떠오르고, 양털구름으로는 솜이불을 만들어 거지들에게 주면 포근한 밤이 떠올랐다. 또한, 백설기 같은 뭉게구름을 뚝뚝 떼어주면 기운이 펄펄 나겠지! 하고 터무니없는 상상을 했었다.

철이 들면서, 아마도 호라는 뜻도 모르는 어린 나에게 호를 주실 때는 이다음에 쓰일 때가 있으리라는 기대를 하시고 주신 것은 아닌가! 또한, 아름다운 구름처럼 삶을 살아가라는 선생님의 메시지로 받아들이고 지향하는 나의 목표가 되어 열심히 살았다.

교사로 재직했을 때 유럽 여행 7개국을 연수로 다녀온 적이 있었다. 그때 비행기가 고도 34,000피트 상공에 이르렀을 때다. 작은 창으로 내다본 구름의 바다는 시작도 끝도 없는 황홀한 천상의 낙원이었다. 천태만상으로 변화하다가 기둥을 세우고 궁전을 이루어 내고 있었다. 그 자연의 신비를 바라보며 가슴이 뛰었다. 가장 높은 곳, 끊임없는 변형, 깨끗한 마음, 여유로움, 아름다운 사랑. 그 구름에 들어가 폭 싸이고 싶었다. 세상이 끝나는 날 맑은 영혼으로 아름다운 구름 나라 궁전으로 들어가는 상상을 했다.

어느 해 교장으로 승진하여 간 곳에서 연로하신 한(漢)학자를 만난 적이 있었다. '아운'이란 호의 객관적인 의미가 궁금해 여쭈어 보았다.

"구름이란 높은 곳에서 세상을 굽어보고 늘 새로운 것을 추구하며 창조해가는 삶의 상징입니다. 호라는 것은 일단 그 사람에게 어울림이 있어야 합니다. 선생님의 호가 아운이라면 제가 보기에 썩 잘 맞는 호입니다." 하셨다. 그 뒤로는 '그래, '아운'으로 살자' 하며 더 내 마음을 굳혔다.

누군가 구름은 물의 영혼이라 했던가! 지구를 떠난 물의 영혼이 서로 엉켜 하늘로 올라가 떠돌다 세상으로 다시 내려와 온갖 생명의 근원이 된다.

교직자라는 천직을 가지고 살았다. 나를 스쳐간 수천의 동공들과 함께, 가르치고 배워가며 희망을 심어주었던 삶. 외길 42년 6개월을 구름이듯 이곳저곳을 떠돌았다. 누리고 싶었던 높은 자리까지 올라가 장학사, 교장으로 근무하면서, 2, 30년 뒤에 열어볼 타임 캐슐 꿈 단지도 세 곳에나 심었다.

그러나 돌이켜보면 하늘에는 아름다운 구름만 있는 것은 아니었다. 때로는 맑은 구름이 시커멓게 변하며 머리 위에 무겁게 떠있었다. 그것은 천직에서 겪어야 할 아픔이기도 했다. 불치병을 알았던 '형동이.' 일곱 살에 만나 슬픈 인연의 끈을 잡고, 삶의 늪에 빠져 허덕이고 있는 제자를 끝내 건져주지 못하고 스물여섯 살에 놓아 보내야 했던 세월도 있었다.

선생님이 지어주신 호 '아운'을 평생 지니고 꼬마 대장들을 향한 아름다운 사랑의 실천으로 후회 없이 살았으면 선생님의 뜻에 어긋나지 않았으리라.

"선생님 감사합니다."

옥양사 빛 구름 사이로 얼핏얼핏 드러나는 달개비꽃 빛 하늘에 구름 꽃 피어난다.

징검다리

함박눈이 내린다. 저 눈발 속으로 두툼한 오버코트의 깃을 올리고 뚜벅뚜벅 어디론가 떠나고 싶다. 그날도 이렇게 유난히 눈이 많이 내렸었는데…. 이렇게 눈이 오는 날이면, 중학교 2학년 때 담임이셨던 이도필 선생님이 생각난다.

선생님은 생물을 담당하셨는데 전교 학생들에게 인기가 많았다. 자상하신 성품이기도 했지만, 선생님이 해주셨던 혈액형 검사는 그 시절 우리에게 생소했고 특별했다. 그런 선생님은 부임하신 지 8개월 만에 군의관 학교로 가시게 되었다. 입대하시던 날이 방학 동안이라 떠나시는 것을 모르고 있다가 막판에 다른 선생님으로부터 쪽지편지를 전해 받았다. 갑자기 생긴 일이라

몇몇 학급 아이들과 급하게 트럭을 잡아타고 앞에 가는 버스를 뒤따라가 극적으로 만나 아쉬운 이별을 고했다.

그리고 1년이란 시간이 지나갔다. 겨울방학을 맞아 친구들과 원주에 계시는 선생님 댁을 방문했다. 그때 나는 고등학교 진학을 포기하기로 마음먹고 의기소침해 있던 때다. 그것을 아신 선생님께서 내게 용기를 주셨다.

"가난 때문에 공부를 포기하는 것은 자기 자신을 포기하는 것이다."

선생님의 그 말씀에 용기를 얻어 힘들게 사범학교에 진학하게 되었다.

어머니께서 삯바느질로 보내주시는 몇 푼 안 되는 돈으로 겨우 자취를 하면서 하루 달걀 한 알, 아니면 종종 건빵 서너 개를 물에 불려 한 끼를 때웠다. 그렇게 2년여를 참아냈다. 하지만 배고픔과 인내의 한계를 느끼고 결국 고향으로 내려갈 결심을 하기에 이르렀다.

그때 춘천 근교 부대로 오신 선생님이 생각났다. 늘 격려를 해주시던 선생님께 학교를 포기하는 것이 부끄러웠지만 다시는 뵙지 못할 것 같아 선생님 댁을 방문했다. 나의 형편을 아신 선생님과 사모님께서는 극구 말리셨다.

"졸업 몇 개월 남겨놓고 있을 수 없는 일이다. 학교가 멀어서 불편은 하겠지만, 우리 집에 들어와서 다니어라."

생각할 여유도 없이 완강하셨다.

나는 그날로 바로 선생님 댁으로 들어갔다. 그날, 가난에 쫓기는 나의 외투 자락을 휘감으며 함박눈이 내렸다. 쏟아지는 눈을 핑계로 목 놓아 울고 싶었다. 손에 든 책 보따리가 초라하고 민망스러웠고, 가난이 너무 부끄러워 선생님을 제대로 바라볼 수가 없었다. 그래도 다행스럽게 치맛자락에 매달리며 기뻐하는 선생님의 아들딸들이 다소 마음의 위로가 되었다. 또한, 사모님과 선생님의 다정한 미소를 보며 생각지 못했던 갑작스러운 호의가 꿈만 같았다.

'선생님의 식구들이 기쁘고 행복할 수 있는 일이라면 최선을 다하자.'

가족들의 후덕한 마음, 큰 은혜로 받아들이고 세상 떠나가는 날까지 간직하고 살아가자고 다짐을 했다.

눈 오는 날은 나에게 행운의 날이다. 그렇게 두 번째로 너래반석 같은 징검돌을 나를 위해 튼튼히 놓아주셨던 선생님이시다. 그날 밤 선생님의 덕담에 내 목이 자라목처럼 움츠려졌다.

"가난은 부끄러움이 아니다. 젊어 고생은 사서 한다. 온 식구가 너를 한 식구로 기쁘게 맞이했다."

소침해 있는 내게 강한 의지와 용기를 북돋워 주셨다.

"나도 어려운 시절이 있었지. 고등학교 때 교장선생님의 특별한 배려로 사환으로 일하며 틈틈이 공부하여 힘든 상황을 이겨냈다. 또한, 대학 등록금을 마련하기 위해 한밤중에 집으로 돌아와 이웃 마을로 돌아다니며 뜨물을 걷어 돼지를 키웠고, 키운 돼지를 팔아 송아지를 사 길렀지. 늦은 겨울밤 집에 돌아와 보니 소가 죽어 있더구나. 내가 그때 그 소를 안고 밤을 지새우며 느꼈던 절망은 어떻게 표현할 방법이 없었다. 살아가며 시련은 누구에게나 다 닥칠 수 있는 일이다. 그렇게 해서 가고 싶은 서울대학에 당당히 합격했다. 또, 겨울이면 대접의 물이 얼어 터지는 방에서 농사지어온 고구마 하나를 3등분 하여 세 끼를 때우며 공부했다."

어느 날인가 학교에서 허기진 배를 안고 늦게 돌아왔다. 선생님께서 시장하시다며 김치볶음밥을 찾으시기에 차려 드렸다.

"너를 먹게 하려고 한 것이니 먹고 쉬어라." 하시며 방문을 닫으신다. 목이 메어 꿀꺽거리며 넘기던 그 김치볶음밥. 선생님의 배려와 가족들의 사랑을 받으며 하루하루를 태연하게 보내려고 애썼다. 하지만 졸업식은 내 목을 조르듯 다가오고 있었다. 내어야 할 졸업 비용, 밀린 납부금, 객지 생활에 쓴 비용들로 속을 끓이고 뒤척이다 늦잠이 들었다. 소스라쳐 일어나는 바람에, 밤에 눈물로 쓴 일기장을 제대로 건사 못하고 학교에 갔다. 선생님과 사모님께서 일기를 보시고 내 고민을 아셨는지.

며칠 후 도시락만 한 돈뭉치 2만 환을 건네주신다.

"빚을 갚으면 인연이 멀어진다. 우리와의 인연이 헛되다고 생각될 때, 그때 갚아도 된다."

군인 봉급생활로 모아 두신 두 분의 피와 땀. 그 돈뭉치를 받아든 내 손은 세상에 나서 가장 부끄러운 손이었다. 전신의 불붙듯 달아올랐던 그 순간을 어떻게 잊고 살 수 있을까! 세 번째 놓아주신 넓은 징검다리에 또 한 번 건너기 어려운 고비를 넘겼다.

그 선생님의 덕택에 떳떳하게 평생 교직의 길을 걷게 되었다. 살아오면서 가슴에 쌓아 놓은 선생님에 대한 감사, 감사! 나를 거쳐 간 제자들의 수만큼이나 많이 느끼며 살아왔다.

사실 처음부터 교직의 꿈을 가지고 사범학교에 간 것은 아니었다. 선생님께서 놓아주신 세 번의 큰 징검다리 덕분에 그것이 나의 운명의 길이 되었다. 42년 6개월의 교직 외길. '그 선생님의 그 제자'가 되기 위해, 부끄럽지 않은 제자 사랑의 길을 걸어가려고 애쓰며 교단을 지켜왔다.

위기 때마다 스승과 제자의 인연으로 놓고 다져진 징검다리. 선생님의 그 위대하고 숭고한 은혜의 세월. 보답도 못 한 채 68여 년 송구스런 마음으로 살았다. 가끔 생각한다.

'그때 선생님이 안 계셨다면 내 인생 여정에서 나는 지금 어디쯤에서 어떤 모습으로 살아가고 있을까?' 나의 지금의 삶을 둘러보며 안도의 숨을 내쉰다. 훌륭한 선생님은 제자들의 갈 길을 마련해 주신다.

"선생님 고맙습니다!"

징검다리 위로 하얗게 내려앉는 함박눈이 아름답다. 이렇게 정신없이 함박눈이 퍼붓는 날이면 선생님의 제자 아끼는 마음이듯 소복하게 쌓여간다.

2부

헤이라: 눈꽃을 만드는 마법의 산

순 종

- 고무줄 사랑 -

고무줄은 사랑이고 아픔이다.

서로 팽팽하게 잡아당기면 늘어나다가 한쪽이 놓으면 상대에게 '따끔' 아픔을 준다. 잡아당긴 만큼 아픔도 비례한다.

오래전 바닷가 마을 삼척 원덕읍 호산에서 근무할 때다. 점심시간부터 서서히 불기 시작한 비바람은 결국은 태풍을 몰고 왔다. 장학지도 후 회식으로 인해 퇴근 시간이 늦어졌고 집도 외진 곳이라 집 근처까지 다른 선생님의 도움을 받아 돌아왔다.

태풍으로 정전된 마을은 칠흑 같았다. 태풍의 꼬리는 사라질 줄 모르고 비바람으로 몰아치고 있었다. 조심스럽게 집안으로 들어섰다. 인기척 없는 캄캄한 방안은 알 수 없는 냉랭한 찬

기운으로 차 있었다. 남편이 기다리다 지쳐 화가 많이 나 있음을 직감할 수 있었다. 아녀자의 도리를 지켜야 한다는 생각은 변함이 없었지만, 이번에는 상황이 상황이니만큼 그런 그에게 좀 서운했다. 어두운 방 그의 옆에 웅크리고 잠자리에 들었다. 잠이 오지 않는다. 회식이 있어 늦어진다는 전화 도중에 한마디 퉁명스럽게 툭 하고 끊어버린 남편이다. 그 섭섭함이 지워지지 않는다. 뒤뜰의 대나무 잎까지 서걱거리며 마음을 긁어댄다. 직장 생활하는 여자는 어디까지 참고 살아야 하나? 참 암담하고 막막하다.

우리의 결혼식을 며칠 앞두고 선교사님이 부르시기에 찾아간 적이 있다. 무명치마 저고리에 은백색이 나는 하얀 머리를 나무 비녀로 쪽진 천사 같은 선교사님이었다.

"좋은 선물 주어야지." 하시며 나의 손을 덥석 잡으시고 내 손바닥에 손가락으로 '순종'이라고 쓰셨다.

"이 손이 썩어 없어질 때까지 남편에게 순종하며 살아야 평생 행복을 누릴 수 있어요."

그리고 내 손가락을 접어 주먹을 만들고, "날려 보내면 안 됩니다. 아셨지요? 꼭 쥐고 사시다 무덤까지 가지고 가세요. 선물이 너무 약소해서 어떻게 하나! 어둡기 전에 돌아가세요."

아무것도 손에 든 것 없이 허전한 마음으로 돌아서 나왔다.

땅거미 진 길을 천천히 걸으며 '순종'이란 단어를 되새겼다. 그것이 평생 행복을 소유하는 방법이라면 그 정도야 해낼 수 있을 것 같았다.

살아오면서 힘겨운 일이 닥칠 때마다 내 삶의 목표인 양 잘 지키며 살았다. 하지만 심한 갈등이 있을 때마다 자신과의 약속도 다짐도 다 팽개치고 싶기도 했다. 언제나 내게만 잘못이 있는 듯 다 내 탓으로 돌리고, 남편이 불편한 마음을 가지지 않게 늘 내가 먼저 다가서며 살았다. 남편은 언제나 나를 이기고 있다는 생각을 했겠지! 내 속에 깊이 뿌리내린 '순종' 그 깊은 뜻을 남편이 알 리가 없다. 그것은 나만이 속으로 간직하고 살아가는 나의 소중한 행복을 만들어가는 비결이기 때문이다.

밤새도록 뒤뜰 대숲에서 사삭거리는 바람은 대나무에서 멈추지 않고 나까지 힘겹게 흔들어댔다. 새벽이 되니 바람은 잦아들고 청아한 새소리가 설든 잠을 깨운다. 가슴이 여전히 아렸다. 출근했지만 문득문득 지난밤 일이 떠올라 온종일 마음이 스산했다. 퇴근해서 그가 좋아하는 만두를 빚어 놓고, 밤늦게까지 초조하게 기다렸다.

다음날 아침상에 오른 만둣국을 보며 그도 나도 말이 없었다. 그가 해장국처럼 한 그릇 번득 다 들고 나서 냄비에 남아있는 만두를 마저 다 가져가려는 그 순간,

"욕심내지 마요. 이것은 내가 먹을 거예요." 하며 냄비를 빼앗았으나 남편은 놓지 않는다. 팽팽한 힘의 대결로 맞서 서로 잡아당겼다. 그 순간 만두 속 터지듯 웃음이 동시에 터지고 말았다. 그때다 싶어, 혼자 속 태우며 지새웠던 지지난밤의 감정이 봇물이듯 터져 나왔다.

"직장 생활하는 사람 이해 못 해주니 너무 속상해요."

그러자 철의 장막같이 잠겼던 남편 입이 열리며 쏘아대기 시작한다.

"무얼 잘했다고 오히려 투정이야! 저녁 식사 끝났으면 바로 올 것이지. 몇 시간씩 기다리게 해놓고… 그날 밤 내가 걱정한 것 다 말해볼까? 정전은 되었지, 비는 쏟아지지! 휘몰아치는 바람에 혹시 날아오는 슬레이트 조각을 감당 못 하고 좁은 길 언덕 아래로 떨어져 있지나 않을까? 하고 찾아 나섰다가 이웃집 소 마구간 웅덩이에 빠져서 운동복 벗어놓은 것 못 보았어?"

빨랫줄에 빨래 널듯 줄레줄레 한 줄에 다 엮어낸다. 나는 할 말을 잃었지만, 이틀 동안 울적하게 꾹꾹 참았던 삶에 대한 서러움까지 겹쳐 푸념의 반찬까지 밥상 위에 올려놓으니 서러움인지 감동인지, 주체 못 하게 쏟아져 내린다.

'나는 나뭇잎 마음, 그는 뿌리 깊은 마음.' 출근하는 길, 이른 햇살이 발등으로 내려앉으며 화사하게 웃는다.

그날 불었던 태풍의 이름은 기억하지 못하지만, 나의 삶에 '순종'이란 나뭇잎 하나 또 올려놓았던 날이다. 진실은 버릇처럼 내뱉는 말 속에 있는 것이 아니라 보이지 않는 나무뿌리처럼 그의 마음속에 묻혀있는 것이리라. 하지만 때로는 쉽게 내보이지 않는 그 마음을 헤아릴 수가 없다. 하기야 내가 그의 속마음을 모르듯이 '순종'이 내 마음속에 행복을 만들어가는 샘물의 원천적인 것을 남편이 어찌 알겠는가!

그래서 나는 만둣국 먹던 아침의 우리 부부를 고무줄 사랑이라 칭해본다. 아침에 끓여 먹던 만둣국 냄비를 서로 잡고 당기기는 했지만 다행히 튕겨 나가지 않았다. 운이 좋게.

지금도 눈물로 함께 먹었던 그 만둣국을 잊을 수가 없다.

소매치기는 바로 나

결혼기념일을 한 번도 잊어버리고 지나친 적이 없었다. 그런데 지난번에는 달력에 표시해 놓지 않은 탓인지 나이 탓인지, 깜박 잊고 말았다. 흘러간 세월의 덧없음을 느낀다. 하지만 긴 세월이 지나도 잊히지 않는 결혼 때의 기억이 하나 있다.

결혼 전 박 선생과 나는 같은 사범학교를 졸업하고 같은 학교로 초임 발령을 받았다. 1년 넘게 함께 근무하다가 박 선생은 철원으로 발령을 받고 떠나가게 되었다. 떠나고 나니 마음속에 그가 크게 자리하고 있었던 것이 느껴졌다.

그해 겨울, 눈보라가 매섭게 몰아치던 어느 날 그에게서 등기 우편이 왔다. '1961년 1월 9일로 혼인 날짜'를 잡았음. 나에게는 혼인에 대하여 한마디 의논도 없이 어처구니없는 일이었다. 그것도 보름밖에 여유가 없다. 고압선 같은 의지로 달구던 그가 결국 혼자서 혼인을 결정낸 것이다. 혼인도 혼인이지만 나에게는 태산 같은 다른 근심이 앞을 가로막는다. 내게는 부양하고 있는 어머니와 동생 둘, 당장에 네 식구 연명해 나갈 끼니도 급급한데…. 현실이 더욱 비참해졌다. 혼인과 가족부양의 갈등은 등나무와 칡덩굴이 얽히고설킨 것처럼 헤어날 길이 막연했다. 교실 밖을 내다보니 어둠이 내려앉고 있었다. 먼 산이 벽이 되어 가로막듯 암담했다. 몸이 모래알처럼 부서져 교실 바닥으로 가라앉아 일어설 수가 없었다. 시장기를 참으며 집에서 기다리고 계실 어머니가 떠올라 마음을 다잡고 교실을 나왔다.

넉넉하지 못한 한 달 봉급으로 예식장에서 입을 한복과 새색시로 시집에서 입을 옷감을 마련하고 나니, 당장 한 달 식구들이 이어갈 끼니가 걱정이었다. 어머니는 아버지가 쓰시다 버린 다리 한 짝 없는 돋보기를 쓰시고, 어둠침침한 호롱불 밑에서 바느질을 하신다. 결혼식장에서 입을 것이라고 어느 때보다 더 정성을 들여 밤을 새우며 바느질을 하시는 모습. 가슴이 저려 이불을 뒤집어쓰고 누워 버렸다. 어머니를 끝까지 모시지 못하고 시집을 가는 것이 마음 쓰렸고 가난도 한스러웠다.

결혼 날을 3일 앞두고 그가 사주를 가지고 왔다. 내 처지를 알고 있던 그는 자기도 넉넉지 못한데 나에게 준비할 것 하라고 돈 봉투를 내어놓았다. 다른 도리가 없어 받아들긴 했지만, 마음은 편안할 리가 없다. 식을 올리려 철원으로 가는 길에 동대문 시장에 들러 시집 식구들 선물과 혼수 이불을 마련했다. 빈 몸으로 시집가는 것보다는, 다행이라고 생각했다.

결혼식 전날 밤 시부모님께서 그이에게 신부를 위해 해온 예물을 보자고 하신다. 왠지 가슴이 철렁한다.

"네, 그게 그런데… 예물 할 돈을 서울에서 소매치기 당했어요. 그래서 예물을 준비 못 했습니다. 죄송합니다."

천연덕스런 그의 한마디.

"뭐? 예물 할 돈을 소매치기당해?"

아버님이 어이없으신 듯 깊은 한숨을 쉬시며 혀를 차셨다.

"다른 방법을 취해서라도 준비했어야지!"

그리고 내 쪽으로 머리를 돌리시며 위로하셨다.

"너무 섭섭히 생각하지 마라."

"……."

그의 돈인 줄 알고 다른 생각 없이 받아썼는데, 이렇게 난감하고 어색한 자리가 또 있을까! 잠시 침묵이 흘렀고 쥐구멍이라도 있으면 숨고 싶었다.

"……."

'아버님! 제가 바로 그 소매치기'에요. 가난한 죄를 덮어주세요. 비록 소매치기의 탈은 썼지만, 지금까지 하늘에 부끄럼 없이 살았습니다. 앞으로 빚진 것 몇 배 이상으로 더 잘하고 살겠습니다.'

결국, 우물쭈물하다가 속으로 삼켜버렸다. 그리고 그렇게 묻혔다.

아버님이 떠나가시던 날이다. 끝내 말할 수 없었던 그 한마디가 가슴 아프게 다시 생각났다. 찬 관 위에 평소 열심히 읽으시던 성경을 얹어 놓으며 사죄를 드렸다.

"아버님! 잘못했습니다. 용서해주세요. 24년의 긴 세월이 지나도록 말씀드리지 못했습니다. 제가 바로 '소매치기'였습니다. 그날은 가난 때문에 아팠지만, 오늘은 이제껏 말씀드리지 못하고 아버님의 무덤 앞까지 가지고 온 것이 더 아프고 서럽습니다. 아버님!"

'그래 알았다. 네가 얼마나 열심히 살았느냐! 맏며느리로서 아들딸 낳아주고, 시동생들 거두며 지금의 집안을 일으키기까지 고생 많이 했다. 됐다.' 하시는 듯했다.

젊어 가난은 찰거머리처럼 내 몸에 덕지덕지 붙어 곤욕스럽게 따라다녔지만, 결코 그것을 나의 운명이라 생각해본 적은 없다. '어려서 고생은 금을 주고도 못산다.'란 말을 늘 마음에 두고 언젠가는 그 가난에서 벗어날 수 있다는 희망으로 견디어

냈다. 그 가난에서 벗어나기까지 얼마나 많은 시간과 근면과 또한, 절약으로 살았던가! 하지만 나는 친정어머니를 가난 속에 두고 시집온 죄책감으로 평생을 마음 아파했고, 시부모님께는 잡히지 않은 소매치기 며느리로 살아왔다.

저의 불효는 저승에 가서 빌겠습니다.

슬픈 행복

햇살이 어머니의 비단 치마폭처럼 감깁니다. 나는 마당가에 앉아 어머니의 고름 같은 바람을 만지작거립니다.

"어머니! 이제 어디만큼 가셨어요?"

내가 둘째로 태어나면서부터, 어머니에 대한 아버지의 애틋한 사랑이 떠났다고 합니다. 아버지가 읍내에 나가셔서 사진기술을 배우시는 동안 어머니는 시골에서 시부모님을 모시고 일꾼들과 농사일만 열심히 하고 계셨답니다.

어느 날, 산모롱이 양지쪽에 햇살이 쏟아지는 날이었답니다. 자전거 뒤꽁무니에 식모라고 태우고 온 그 여자를 보는 순간, 어머니는 아찔하며 하늘이 노랗게 보이더니 그 빛이 평생을 갔다고 하셨습니다. 앞 못 보는 시어머니의 시집살이와 자식들을 위해 묵묵히 참아내셨던 어머니. 남편의 잔잔한 사랑도 잃은 채 오 남매를 키우는 것도 힘겨운데 각기 배다른 소실의 자식들까지 팔 남매를 거두셔야 했습니다.

내가 사범학교를 졸업하고 직장을 갖게 되자 아버지는 기다리고 계셨다는 듯 작은집 식구들만 데리고 평창에서 설악산으로 이사하였습니다.

나는 어린 나이에 어머니와 두 어린 동생을 데리고 살아가야 하는 가장이 되어 시름도 있었지만, 그때 첫 발령지에서 어머니를 모시고 살았던 시간이 가장 행복했었습니다.

하지만 내가 혼인을 하게 되자 어머니는 할 수 없이 소실과 사는 아버지 곁으로 다시 들어가 사실 수밖에 없었습니다. 그런데, 시집간 지 불과 2년 뒤인 어느 날 아버지로부터 '모 사망 급래'라는 전보를 받았습니다. 첫 아이를 가진 만삭의 몸으로 교통이 불편했던 철원에서 속초까지 그의 도움을 받으며 이틀이나 걸려 설악산 집에 도착했습니다. 마음 졸이며 해질 녘에야 들어선 집안은 적막감이 감돌았습니다. 불길한 생각으로 방문을 여니 뜻밖에도 어머니가 물끄러미 바라보시며 누워 계셨습니다. 어머니의 몸을 일으키며 이불을 걷어보니 볼깃살은 심한 욕창인데도 어머니는 괴로워하시는 기색이 없으셨습니다. 밤낮 사흘을 함께 지새운 보람도 없이 중풍으로 쓰러지셨던 어머니는

1963년 5월 8일 어머니날에 쉰하나의 연세로 한 많은 삶의 끈을 놓으셨습니다.

"박 선생…." 하고 내 남편의 이름을 부르시며. 밟으면 모두가 땅인데 어머니를 모셔할 땅은 한 평도 없었습니다. 국립공원 관광지여서 상여를 쓸 수 없다는 이유도 있었지만 결국은 가난이 더 큰 이유였습니다. 그날로 성급히 장례를 치러야 했기에 누군가 앞에서 끌고 뒤에서 밀며 꼭두새벽 어두컴컴한 짙은 안개 속으로 손수레는 사라졌습니다. 그렇게 설악산 골짜기에다 아무도 모르게 장례를 치렀습니다. 마치 애장 치르듯이….

그리고 수많은 세월이 흘러 그이와 나는 퇴직 후 내설악 따뜻한 양지를 찾아 남아 있는 삶을 마칠 둥지를 마련했습니다. 산꽃이 피었다 지고 눈발이 날리는 날에도 어머니가 계신 산머리 쪽을 바라보며 마지막 떠나실 때 그 뒷모습이 시도 때도 없이 떠올랐습니다. 더구나 5월이 되면 향기 없는 하얀 카네이션이 아무도 모르게 내 가슴속에서 피었다 지곤 했습니다.

옛날 호랑이보다 더 무섭던 가난 속에 신흥사 주지도 모르게 절 땅에 어머니를 모신 그 부도덕한 짓을 혼자 가슴에 묻은 채 세월을 보냈습니다. 그러다 뒤늦게 용기를 내어 지난해 국립공원에 신고하고, 그 당시 함께했던 사람의 도움을 받아 묘비 없는 어머니가 묻힌 곳을 더듬어 갔습니다. 결국, 간직하고 있었던 흑백 사진 한 장 속에서의 나무 위치를 보고 어머니 묘소를 찾아냈습니다. 그날 저는 그동안 아무도 다녀간 흔적 없는 무덤 앞에 섰습니다.

"이제 왔구나!" 하시는 어머니의 목소리가 솔잎 가지 사이로 쏟아져 내렸습니다.

그 며칠 뒤 분묘 개장을 하는 날이었습니다. 애지중지 키워주셨던 8남매 중에서 어느 자식 하나 찾아주지 않았던 오십여 년의 세월. 한 줌의 부서진 몸으로 돌아오신 어머니를 안으며 저는 오열했습니다. 슬픈 행복이 있다는 것도 산수에 가까워져 오는 나이에 어머니를 통해 비로소 알게 되었습니다.

꽃가마 타고 시집오셔서 손수레 타고 저승 가신 어머니. 제게는 가장 슬픈 어머니셨습니다. 그러나 어머니는 세상에서 가장 아름다운 어머니란 이름으로 사셨습니다. 자식들을 위해 온갖 고통 참아 내시며 가슴으로만 우시던 어머니.

이제, 겹겹이 쌓여있던 많은 산 이랑들을 밀쳐놓으시고 동쪽 바다가 시원하게 바라다 보이는 미시령 정상에 오셨습니다. 몸부림치듯 나를 휘감는 바람, 그 바람이 오랜 세월 불효 여식의 한을 휩쓸고 어머니를 태워 높은 창공을 향해 날아갔습니다.

빨랫줄의 슬픈 기저귀

눈부신 햇살이 거실 바닥에 들어와 누워있다.

셋째 딸이 낳은 손녀, '햇살'이의 기저귀가 건조대에서 바람에 휘날리고 있다. 빨고, 삶고, 보송보송하게 말려 개는 일까지 하루가 걸린다. 젖먹이 살에 붙어 배설물을 받는 것이라 부드럽고 정결해야 한다. 죽죽 늘어진 뽀얀 기저귀에서 지난날이 물안개 일듯 피어난다.

'햇살'이의 큰이모인 난(蘭)이를 기를 때다. 어렵게 혼인해서 백일도 넘지 못하고 남편은 병역 미필자라는 이유로 하루아침에 교직에서 물러나게 되었다. 하늘을 원망하거나 남을 탓하기 전 땅이 꺼지는 듯 가슴이 내려앉았다. 서로의 힘이 되어 왔던 교직의 길이었는데 갑자기 반쪽이 된 나는 그것을 운명으로 맞을 수밖에 없었다.

그 와중에도 3년 만에 첫아기를 임신해 분만했으나 아기를 기르는 일이 실로 난감했다. 학교 가까운 곳에서 수유할 수 있도록 근무지를 바꾸었으면 했다. 그런 사정 이야기를 하기 위해 교육청에 갔던 날이었다. 계획된 수유 시간에 돌아오지 못하고 세 시간이나 지연되어 버렸다.

가슴에서 주체 못 하게 흘러나오는 젖이 블라우스를 흠뻑 적신다. 아가의 울음소리가 환청과 이명으로 들려 안절부절못하고, 버스 기다릴 겨를도 없었다. 오르고 내리는 고개가 셋이나 되는 8㎞가 넘는 자갈길을 하이힐을 벗어들고 뛰기 시작했다.

가끔 군용차들이 지나가고 사람을 만날 때면 힐을 신고 태연한 척 걸었다. 남의 시선이 부끄럽고 무서워서가 아니다. 교사라는 체면과 자긍심을 차마 바닥에 놓을 수 없었기 때문이었다. 그 순간을 벗어나면 다시 힐을 벗어들고 숨이 차도록 뛰었다. 발바닥이 불에 덴 듯 화끈거렸다.

둘째 고갯마루에 오르니 맞은편 고갯마루가 빤히 건너다보인다. 뜻밖에 맞은편 산마루에 한 달도 안 된 난이를 안고 있는 아기 아빠가 보였다. 젖을 기다리며 울다 지친 모습이 아른거리고 울음소리가 들려오는 듯하다. 1초가 아쉽다.

'하느님, 이렇게 다급할 때 한번 쓸 날개라도 달아주셨으면!

그것이 아니면 축지법이라도.' 신짝을 흔들며 뛰고 뛰어도 아래로 휘어져 내린 고갯길은 멀기만 했다.

달개비 꽃빛 닮은 하늘이 고갯마루로 눈부시게 쏟아져 내리고 흰 구름자락은 고개에 걸려 기저귀처럼 너울거린다. 그가 흔드는 기저귀의 춤사위가 결승선을 재촉하듯 숨이 차고 가슴이 찢어진다. 아가가 세상에 나와 처음 겪는 배고픔, 기다림, 그리고 눈물이다. 그날 뜨겁게 달아오르던 나의 몸과 마음을 8월의 태양도 따라잡지는 못했으리. 그때 깃발처럼 날리던 기저귀. 그것은 시작에 불과했다.

새 학기가 되어 희망했던 곳으로 발령을 받았다. 학교 앞마을, 교실 창문이 바라보이는 곳에다 방을 마련했다. 아침 첫 출근을 하는 날이다. 엄마의 하루 소망을 아가의 얼굴 여기저기에다 비빈다. 캥거루처럼 육아낭이라도 있었으면…. 하지만 파도처럼 밀려오는 출근 시간 앞에 다른 도리가 없었다. 울거나 보채면 기저귀를 방문 앞 빨랫줄에 걸자고 그와 약속을 하고 방문을 닫는다. '쩡', 가슴에서 얼음장처럼 갈라지는 소리. 그렁그렁한 눈물 속에 옮기는 발자국마다 땅은 성글성글한 모래밭으로 보인다.

교실로 들어서니 마음과 눈은 줄곧 교실 창밖에 머무른다. 아기가 그리워하고 있을 엄마의 가슴. 공허한 내 마음 역시 아기를 향해 순간순간 달려가지만, 결국은 문밖에서 멈추고 만다.

'그래라! 잘 놀다 아빠의 품에 안겨 잠들어다오.'

그러던 어느 날, 마당 빨랫줄에 기저귀가 나부낀다. 잘 놀지 않고 심하게 보챘다는 신호다. 가슴이 철렁 내려앉으며 뼈가 녹는다. 그날 아침의 하루 소망이 물거품이다. 하지만 육십여 명의 초롱초롱한 눈망울 앞에, 한 아기의 엄마가 되어 가슴으로 고통을 삭이는 것이 숙명임을 알고 있었다. 어쩌랴! 오늘 또 난이에게 죄를 지었다.

'당장 달려갈 수 없는 엄마를 용서해다오.'

그와 나의 통신 메시지였던 빨랫줄의 기저귀는 한여름 뙤약볕에 빛바래가며 그대로 슬프게 걸려있었다.

그뿐인가! 겨울철이면 물이 귀한 마을이다. 마을 사람들은 우마차로 먼 곳에서 물을 길어다 먹었다. 우리에게는 뒷산 산중턱에 삼태기만 한 옹달샘 물이 있었지만 퇴근하여 올라가 보면 샘은 저녁거리 없는 뒤주 바닥 같았다. 그래서 내 차례는 어느 때나 마을 사람들이 곤히 잠든 한밤중이었다. 눈 날리는 밤은 칼바람이 무섭게 몸을 휘감으며 목덜미를 치고 들어왔다. 달이 환한 보름밤이면 고요한 옹달샘 속에는 오들오들 떨며 나를 기다리다 지쳐버린 새치름한 달이 앉아 있기도 했다. 그럴 때면 그 달이 애처로워 선뜻 바가지를 샘물 속에 넣을 수 없다. 자다 깨어난 난이의 울음소리가 휘파람처럼 지나가며 별똥별이 산 너머로 떨어진다. 바가지로 달을 뜨니 알알이 부서져 쪽박으로 하나다. 깨어진 달을 허겁지겁 양동이에 퍼 담는다. 그리고는 도둑질하다 들킨 사람처럼 허둥지둥 산에서 내려온다. 등 뒤에서 누군가 내 목덜미를 잡을 듯 갑자기 무서움이 엄습해 온다. 서둘러 집에 들면, 빈방에 혼자 잠들어 있는 아기의 모습이 고맙고 측은하다.

그리고 그와 둘이서 별빛 달빛을 담아온 물에 기저귀를 비벼댄다. 아린 손끝에서 물 호사를 하며 하얗게 웃던 기저귀.

건조대에 널려있는 손녀의 기저귀가 새삼스럽게 고맙다. '햇살'이의 기저귀 속에서 묻어두고 살았던 44년 전의 큰딸의 빛바랜 기저귀들이 뽀얗게 피어나 펄럭인다.

맨발로 결승선을 향하듯 숨을 몰아쉬며 난이에게로 달려갔던 그때 그 시절이 이젠 아름다움이고 그리움이다.

설원(雪原)의 달빛

출산일을 잘못 짚어 한 달 산후휴가를 다 쓰고 나서 만삭의 몸으로 다시 출근하여 근무했다. 결국, 5일이 지나서야 병원도 없는 외딴 산골에서 산고를 겪으며 첫아이를 출산했다.

“공주님이네!”라는 남편 말에 ‘너도 어미처럼 분만의 고통을 겪는 여자로 태어나는구나!’ 하는 생각에 눈시울이 뜨끔했다.

내가 출근하면 당시 휴직해있던 남편은 집에서 아기를 보다가 수유 시간을 맞추어 학교로 찾아왔다. 그러던 어느 날 아기가 올 시간이 되었는데도 오지 않아 초조한 마음으로 다음 수업에 들어갔다. 그 시간 수업이 끝날 무렵 숙직실에서 아기 우는 소리가 난다기에 다급하게 뛰어갔다. 문을 열어보니 포대기를 벗어나온 아기는 배냇저고리만 입은 체 온몸이 새파랗게 되어 방 한구석에 울지도 못하고 흑흑하며 지쳐 있었다. 남편이 아기를 숙직실에 데려다 놓으며 한 학생에게 말을 전하라고 했다는데… 그날 밤 잠든 아기의 작은 두 발을 잡은 채 오랜 시간 무릎을 꿇고 엎드려 있었다.

"하필이면 넌 왜 나 같은 엄마한테 태어났어! 다른 좋은 엄마한테 태어났더라면 너랑 나랑 오늘같이 슬픈 일은 없었을 텐데!"

미안하다고, 용서해달라고 하는 말을 얼마나 되풀이해야 용서가 되어 내 가슴에서 지워질 수 있을까!

그러다 어느 날, 남편이 아기가 열이 있으니 조퇴하고 일찍 나와 병원을 가자고 했지만, 학교 사정이 여의치 않아 퇴근이 다른 날보다 더 늦어졌다. 어둑어둑한 길을 정신없이 뛰어가다 보니 아가의 울음소리가 싸리 문밖 멀리까지 들렸다. 안절부절못하고 방으로 들어가서 아기를 받으려는 순간 남편은 나의 엉덩이를 걷어찼다.

"나가! 못 나가?"

"잘못했어요. 미안해요."

아기를 다시 받으려 하자 우는 아기는 건네주지 않고 다시 발로 밀어제쳤다.

"당장 나가지 못해!"

나는 당황하고 어이없어 밖으로 나올 수밖에 없었다. 캄캄한 하늘엔 별 하나가 유난히 빛났다. 잠시 서 있다가 문도 없는 으스스한 부엌으로 들어가 저녁밥을 지었다. 활활 타는 장작불 속으로 마음이 같이 타들어 가는 듯했다. '그렇게 속상하면 뺨이나 한 대 때리고 아기를 줄 것이지! 어떻게 두 번씩이나 나에게 발길질을 했을까!' 억울하다는 생각이 들었다.

저녁상을 들고 들어갔어도 남편은 누워서 꼼작도 하지 않았다.

"밥맛이 없으면 수저라도 들었다 놔요."

그 말에 그는 벌떡 일어나더니 수저를 들어 밥상에 있는 힘을 다하여 내팽개치고 다시 눕는다. 그런 옆에 아가는 잠이 들어있다. 더는 다가설 수가 없기에 아픈 마음으로 밤을 지새웠다. 하루, 그리고 이틀이 지났건만, 나도 남편도 마음을 풀지 못한 채 우리 둘 사이에는 이전에 느끼지 못했던 냉기만 돌았다. 내 마음 깊은 곳에서는 '누구의 잘못을 따지기 전에 우선 남편이 복직되는 날까지만 내가 참고 충실하자.' 그것이 참기 어려웠던 그 차가운 침묵을 극복할 수 있는 유일한 방법이었다.

깊은 겨울이 지나가고 있을 무렵이다. 그날도 아기가 아파 퇴근 후 아기를 업고 남편 자전거 뒤에 타고 병원에 갔다가 시댁에 들렀다. 호야에 불붙일 즈음부터 눈이 내리기 시작했다. 밖에 나갔던 남편이 자정이 가까워서야 술에 취해 나타나더니 굳이 우리가 사는 집으로 돌아가야 한다고 밖에서 기다린다. 성치 않은 아이를 업고 이 밤중에 먼 길을 가자고 하니…. '그래 들어주자!' 하며 밖으로 나오니 눈은 그치고 온 세상이 하얗다.

한밤중에 쌔근거리는 어린 딸을 업고 '철원' 벌판길을 걸어간다. 희색빛 흐린 하늘, 발등을 덮지 않을 만큼 내린 눈을 슬슬 끌며 걸어간다. 만취한 그는 저만치 뒤에서 느린 걸음으로 따라온다. 드넓은 평야를 가로질러 가야 하는 먼 밤길은 적막하고 교교하다. 이렇게 걷다 보면 새벽에는 집에 다다르겠지! 이렇게 할 수도 없고 저렇게 할 수 없이 사는 것이 힘에 겹게 느껴졌다.

그때 어스름했던 회색 밤이 갑자기 환해지더니 빙빙 돌던 먹구름 떼가 갈라지며 드넓은 설야로 해산하듯 달빛이 쏟아져 내린다. 구름에서 빠져나온 달을 놓칠세라 구름이 다시 몰려드니 달은 쫓기는 듯 달아나다 또 걸리고 만다. 달이 꼭 내 모습 같다. 산다는 것이 무엇인지! 내게 주어진 운명이 고작 이것이라면 저 설야 속으로 달음질쳐 사라지고 싶었다. 달은 이리저리 굴러다니듯 하다가 기어코 구름 사이를 비집고 부챗살을 만들어 설원으로 쏟아져 내린다. 백야에 내린 달빛은 은색 바다로 술렁이고 구름은 천연덕스럽게 제 갈 길로 떠나간다.

마침 그때 등에서 곰지락곰지락 아기가 움직인다. 그 삶의 무게를 감지하는 순간 가슴이 미어졌다. 등 뒤에 묶여있는 나의 숙명 같은 존재를 떠올리며 느슨해진 포대기 끈을 다시 한 번

으스러지게 꼭 묶었다. 따스한 온기가 등에서 가슴으로 촉촉하게 스며들며 아기의 불꽃같은 뜨거운 삶이 느껴졌다. '우리 둘이라면 세상 어디 가서도 잘 살 수 있을 거야!' 하고 다짐을 했다. 그때 뒤에서 묵직하고 담담한 어투의 말소리가 들렸다.

"당신은 엄마 될 자격이 없어! 난영이를 훌륭하게 잘 키우려면 너는 아이 곁에서 떠나가야 해."

그의 푸념이 하얀 밤을 잡고 흔들어대는 듯했다.

'그렇다! 나는 엄마의 자격이 없어. 그날 저녁 남편의 발길짓 정도야 아무것도 아니지. 앞으로 살아가며 자식을 위해 무슨 수모인들 못 당하겠어?'

나는 겨울 동안 꽁꽁 얼어있던 마음을 풀며 남편이 가까이 오기를 기다렸다. 오랜만에 남편 팔을 잡아 팔짱을 끼고 몸에 기대었다. 얼어있었던 가슴이 녹으며 뜨거운 눈물이 뺨을 타고 주르르 흘러내린다.

"조금만 더 빨리 걸어가요. 아기가 많이 추워해요."

나중에야 그런 일이 있었다는 사실을 아신 시어머님은 우리의 셋방살이하는 집에 날마다 오셔서 아기를 안고 수유 시간을 지켜 학교에 오셨다. 어머니께서는 며칠 다니시더니 말씀하셨다.

"너희들 사는 것을 보니 안타깝구나! 오죽하면 '선생 똥은 개도 안 먹는다'는 말이 있겠니? 아기도, 너도, 아범도 사서 고생들 그만하고 집으로 들어오너라."

나는 답을 드리지 않았다.

그 후 얼마 되지 않은 어느 날, 퇴근하고 들아오니 집은 텅 비어 썰렁한 부엌에 찬장으로 쓰던 사과 궤짝 하나만 덩그러니 남아있었다.

아기를 업고 걸었던 달빛 내린 설원을 떠올리며 아기가 간 시댁을 향해 부지런히 발길을 재촉했다.

그 홍시 맛

어느 해 늦은 가을이다. 서리 오기 전에 남아있는 고추라도 거두어야 한다시며 시어머니께서 학교 실습지에 오셨다. 저녁나절이라 나른해 보이고 시장하신 것 같아 홍시를 사다 드렸다. 산국이 노랗게 피어 있는 밭머리에 앉아 웃으시며 맛있게 드셨다. 그 후 가을이 되면 해마다 퇴근길 과일가게 앞을 그냥 지나칠 수가 없었다. 하지만 어머님은 "애미야! 아무리 먹어봐도 그때 고추밭 머리에서 먹었던 그 홍시 맛이 안 나!" 하셨다. 그때 홍시 맛을 잊지 못하시고 그리운 사람 기다리듯 오랜 세월 그렇게 살아오셨다.

내가 시집을 올 때 재취 시어머니라는 것이 마음에 걸렸다. 하지만 서로 다른 남남이 만나 고부간이 된 여자들의 숙명은 하늘이 내린 것이라 며느리보다는 딸처럼 살자고 다짐했다. 일찍이 가신 친정어머니에 대한 불효도 있고 '시' 자 하나 빼면 '어머니'가 아닌가. 더더욱 남다른 아픔이 있으셨다는 것을 나중에 알고 어머님께 더 가까이 다가서게 되었다.

한국전쟁 당시, 저녁을 먹고 논물 보러 나간 남편이 영영 돌아오지 않았다고 한다. 기다림의 세월, 안쓰러워하셨던 오라버님이 재가의 길을 마련해주셨다. 다른 선택의 길이 없으셨던 어머니는 불혹을 갓 넘은 연세에 딸 셋을 친정에 두고 '새끼 둔 곳은 범도 뒤돌아본다.'는데 두고 온 자식들이 눈에 밟혀 평생 가슴에 묻고 살아가셨을 거다. 어머니의 느긋한 천성이 때로는 나를 답답하게도 하셨지만, 남다르게 타고난 미모에 온화한 성품으로 거짓 없는 순수함이 항상 몸에 배어 있으셨다.

한두 번 보따리를 싸신 적도 있었지만, 그것은 두고 온 자식들에 대한 죄의식과 그리움 때문이라 생각했다. 그런 생활 속에서 내 자식 4남매를 손에서, 등에서, 또한 가슴으로 안고 애지중지 잘 키워주셨다.

1984년 그때 어머님의 연세가 칠십이 조금 넘으셨을 때다. 어느 날 아침상을 차려놓으시고 텔레비전에 나오는 사람들에게 진지 드시라고 하신다. 예측하지 못했던 어머니의 이해할 수 없는 행동으로 평화롭던 가정에 위기가 몰려왔다. 더는 서울에서 손자 손녀들과 함께 사시는 것은 무리라고 생각하여 나의 직장이 있는 시골로 모셔왔다.

어머님을 모시고 서울을 떠나던 날이다. 돌이켜보니 어머님과 함께한 세월이 어느덧 25년 년이 흘렀다. 차창 밖으로 보이는 쪽빛 하늘이 가슴으로 내려와 안긴다.

'그래, 이제 내가 해드려야 할 차례다.'

어머니가 나의 네 자식을 곱게 길러주신 것에 비하면 이제 내가 어머니께 온갖 정성을 다 쏟는다 해도, 어머니께서 베푸신 것에 비하면 사 분의 일밖에 안 된다. 어머니가 옆에 계시게 되어 오히려 마음이 든든함도 없지 않았다.

언젠가 사시는 것이 우울하다시며 심각한 말씀을 하셨다.

"친어머니도 아닌 내가 늙어 대소변을 못 가리면 아무도 없는 곳에 버려져 까마귀 떼들의 먹이가 되겠지?"

"아유, 어머니! 무슨 그런 말도 안 되는 섭섭한 말씀을 하세요? 어머니가 저희에게 그동안 해주신 것만도 어딘데요…."

내 속을 모르시는 어머니가 야속했었다.

서울서 모시고 내려올 때 생각과는 전혀 다른 모습으로 시작되었다. 방을 함께 써야겠다는 생각도 며칠을 못 넘기고 딴 방으로 모실 수밖에 없었다. 그 후 어느 날 이른 새벽, 발 들여놓을 틈도 없이 방바닥에 저지레를 해 놓고 창문에 기대어 밖을 멍하니 내다보고 계셨다. 누군가를 기다리시듯….

누구를 기다리실까? 어머니의 그 모습이 훗날 바로 나의 모습으로 보였다. 어머니의 얼굴을 어루만져 본다. 가슴이 미어진다. 오랜 세월 내 아이들과 살아오신 고되고 찌든 아픈 냄새가 어머니께 배어있다. 내 냄새이기도 했다.

때로는 식사 후 빈 밥그릇에 무직하게 담아 놓으셨던 배설물. 옛날 남들의 치매 걸린 노인네들 이야기가 나의 현실이 되었다. 어머니의 얼굴을 물끄러미 바라보고 있노라면 그 곱던 얼굴도 자취를 감추고 초점을 잃은 희미한 눈동자 속엔 세속의 허허로움만 가득 차 있다. 그리움, 욕심, 미움, 그리고 불안감마저도 모두 다 사라진 마치 천진스런 아가인 듯, 그런 어머니의 모습은 나를 많이 성숙하게 했다. 그러면서 어머니 안에 내가 들어가 살게 되고 내 안에 어머니가 들어오셨다.

1988년 11월 28일 마가을[7] 어머니 연세 일흔넷. 돌아가시던 날 까치밥 홍시 하나 툭 떨어졌다. 3년 동안 고생하시다 떠나셨지만, 그때 내 안에 들어오신 어머니는 세월이 가도 떠나실 줄 모르신다. 남몰래 그늘진 아픔으로 가슴이 만신창이가 되어 사셨을 어머니. 떠나고 나신 뒤에야 내 탓으로 가슴을 치며 힘들었을 어머니의 삶을 좀 더 이해해 드리지 못했음을 후회하며 살아간다.

---

7) 늦은 가을

감이 홍시가 되기까지는 모진 비바람을 꿋꿋하게 이겨내며 나무에 매달려 있어야 한다. 마지막 삶을 치매로 힘들게 살다 가셨지만 한 생애를 홍시처럼 힘들게 익혀가며 잘 이겨 내셨던 어머니셨다. 나무 끝에 끝까지 매달려 까치밥이라도 되고 싶은 홍시의 심정이셨나?

해마다 조촐하게 차린 제사상에 탐스러운 홍시를 차려놓고 영정 속의 어머니를 물끄러미 바라보고 있노라면 촉촉해지는 눈길에 향이 구불구불 피어오른다. 어머니의 정성으로 번듯하게 커서 다 제 갈 길을 떠난 내 자식들을 생각하며 되풀이하는 그 한마디.

"어머니 고맙습니다."

"어머니! 홍시만 보면 어머님 생각이 나요. 가을이 오면 곱게 무르익은 홍시와 어머님 닮은 노란 산국 한 아름 안고 어머니 찾아뵈러 갈게요."

'애미야! 그때 그 고추밭 머리에서 먹던 홍시 맛이다!' 하시는 어머님의 목소리를 듣고 싶습니다.

논두렁이 꿀꺽한 초봉

"최 선생! 머리를 짧게 자르고 다니세요. 이발비 없으면 내가 대줄까?"

교장선생님으로부터 두 번째 지적을 받았다.

"부모님께 물려받은 것이라 함부로 가위를 댈 수가 없어서 그럽니다. 생각해 보겠습니다." 하며 손이 슬쩍 머리로 올라갔다. 그리고 다음 날 그는 머리를 박박 밀고 학교에 나왔다. 이유는 자주 가위를 대 불효를 거듭하느니 한꺼번에 왕창 불효 한 번 하고 말자는 뜻이란다. 4학년 아이들과 함께 있으니 누가 교사이고 누가 학생인지 구분이 잘 안 되었다.

자그마한 키에 장발하고 손에는 늘 두툼한 책을 들고 다니던 햇병아리였는데 그는 세상일을 앞질러 보는 지혜도 가졌었다. 나름대로 자부심을 가지고 아이들 앞에 섰었다. 속은 무엇인가 꽉 차 있어 보이는데도 차림새가 시답잖게 보이는 그는 배짱과 여유, 유머와 지혜 그리고 사랑과 용서를 겸비한 특별한 선생님이었다.

아이들이 돌아간 조용한 오후, 누가 교실 문을 노크한다.

"들어가도 되겠습니까?"

뜻밖에도 한 달 전에 새로 부임한 애송이 그였다. 들어오자마자 어색한 표정을 지으며 첫마디가 "여러 선생님이 계시지만 특별한 마음으로 선생님을 택했습니다. 꼭 들어주셔야 합니다." 조건부터 앞세운다.

'나를 좋아하게 됐다고 사랑 고백이라도 하려는 것처럼 그는 진지하고 심각해 보였다. 나는 애기 엄마인데 보아도 한참 잘못 생각했지! 이 애송이가' 하고 내가 김칫국부터 마시는 순간

"선생님! 돈을 좀 꾸어주십시오. 한 달 후에 갚겠습니다."

'그러면 그렇지!'

"아니! 어제가 월급날인데, 집에 무슨 일이 생겼어요?"

"아닙니다. 하숙비를 주지 못했습니다."

"그럼 지난밤 선배들과 술집이라도? 이유도 모르고, 여유도 없는데요."

"비밀을 지켜주시면 말씀드리겠습니다. 월급을 봉투째로 잃어버렸습니다." 그 소리를 듣자 나는 가슴이 마구 뛰었다.

"첫 월급인데! 찾아내야 해요. 이런 일은 그냥 넘기면 안 돼요."

그는 난색을 지으며 간곡하게 부탁한다.

"이 일은 선생님과 저만 알고 있어야 할 일이니 참아주십시오."

나를 '택했다'는 말과 '약속'이라는 말을 머리에 되새겼다. 그런 일이 있고 난 뒤 꼭 한 달이 지났다. 그는 환한 미소를 머금고 교실로 들어섰다.

"그때 어렵게 마련해주신 돈 감사했습니다." 돈을 내어놓으며,

"선생님, 기쁜 소식 전합니다. 잃어버렸던 돈 찾았습니다." 뜻밖의 일이라 반가워하며 자초지종을 물었다. 돈을 잃어버린 다음 날, 그는 수업하는 도중에 아무렇지도 않게 "어제가 며칠이었지?" 하고 아이들에게 물어 칠판에다 그 날짜를 썼다. 그리고 한 달이 지나간 날 아이들에게 "지난번 너희에게 '며칠이냐'고 선생님이 물었는데, 혹시 그 날짜를 기억하는 사람 있느냐?" 하고 물었다. 자신 있게 대답하는 두 명이 손을 들었다. 그들에게 "영리하게 기억하고 있으니 오후에 남아 선생님 일을 도와 달라."고 했다. 한 아이는 자세히 모른다고 했고, 다른 한 아이는 아침부터 그날 한 일을 다 기억해 냈다. 그때 최 선생님의 머리에 번득 그날의 체육 시간이 떠올랐다. 허둥지둥 운동장으로 뒤늦게 뛰어나온 한 녀석이 생각났다.

"그날 체육 시간에 왜 늦었어?" 하고 묻자 그 아이는 순순히 자백했다.

"교실에 벗어놓은 선생님 호주머니에서 돈을 꺼냈습니다. 집

으로 가는 도중에 돈이 너무 많아 반은 강물에 떠내려 보내고, 반은 논두렁을 파고 묻어 놓았습니다. 그리고 날마다 꺼내다 썼습니다."

한 달 동안 써버리고 남아있는 돈은 밥그릇에 붙어있는 밥풀딱지만 하다니 나는 마음이 편치 않았다. 학부형을 만나 해결하는데 도움을 드리겠다고 하자, 그는 "선생님! 이 일은 세상에서 세 사람밖에 모르니 도와주세요!" 했다. 그가 돌아간 교실에 한동안 정신 나간 사람처럼 멍하니 앉아 있었다. 아무리 생각해보아도 '나라면 그렇게 못하지! 첫 월급에 대한 기대와 뜻이 어긋난 실망감을 태연하게 제자 사랑으로 메우다니!' 햇병아리 교사한테서 어떻게 그러한 지혜가 나왔을까? 부모도 몰랐던 도벽성을 일찌감치 고쳐놓았으니. 작은 몸집에서 풍기는 사람 냄새와 됨됨이가 하늘처럼 높아 보여 부러웠다.

"이제 겨우 한 달 동안에 한 명의 제자를 만들어 놓았습니다. 돈보다 저에게 더 소중한 것은 제자입니다."라고 말하는 그의 당찬 소리가 내 마음속에서 자꾸자꾸 되풀이되었다. '나는 그동안 선생님으로서 무엇을 했나? 몇 명의 진실된 제자를 만들어 놓았나?' 하고 자문하며 스승의 길을 재조명해보던 날이었다. 내게 생활의 지혜로 감동을 주었던 최진규 선생님! 오랜 세월이 지났지만, 나무 그루터기의 묵은 향기처럼 나의 가슴에 남아있다.

52년이 지났네요. 지금은 어디에 있나요? 보고 싶네요.

우리 며늘아기 살아났어요

"우리 며늘아기 살아났어요."

큰손녀를 업고 대문 밖에서 서성거리시던 시아버님께서 집 앞을 지나가는 이웃 사람에게 하시는 말씀이 어렴풋이 들렸다. 아침잠에서 깨어나듯 눈을 뜨니 옆에 아기가 없다.

"이제 정신이 들었구나! 네 새끼 찾는 것 보니, 정신 놓은 지 오늘이 꼬박 삼일 째다. 이거 보고 싶어 그동안 어떻게 눈을 감고 있었어?"

시어머님이 아기를 데려다 옆에 뉘이며 갈쌍 하신다.

"아가야! 미안해. 엄마는 몰랐어!"

백일도 안 된 딸에게 무슨 죄가 있어 이런 수난을 당하나 싶어 가슴이 메어왔다. 다 내 탓이다.

사흘 전 출근을 하려다 갑자기 쓰러졌다. 의사가 왕진을 오고 온 집안 식구가 안절부절못했다. 그런 일이 있었던 후 시아버님께서 겁이 나셨던지 서울 S병원에 보내주셨으나 확실한 검진 결과가 나오지 않았다. 병원 측에서 정밀 검사를 제의했을 때, 동의하는 남편을 저버리고 나는 시간과 비용만 더 낭비할 뿐 내 병 치유에 도움이 될 수 없다는 생각에 아무 말 없이 병원에서 나왔다.

병원을 나오자 갑자기 한 발자국도 더하기 힘든 복통이 시작했다. 여관으로 돌아오니 절망과 목을 조여 오는 죽음의 공포로 작은 여관방이 마치 관인 양 나의 목숨을 압박하였다.

"죽기 전에 아이들을 마지막으로 한 번 안아주고 싶어요."

"살고 싶어? 죽고 싶어? 아이들을 보려면 5시간만 참아."

한마디 위로도 없이 여관방이 쩡쩡 울리도록 소리쳤다. 나는 살고 싶었다. '호랑이에게 물려갈망정 정신만 잃지 않으면 산다는데.' 아이들을 봐야한다.

철원 집으로 돌아갈 버스를 탔다. 차창 밖은 초여름으로 가는 길목이다. 개나리 빛 외투에 노란 신주머니를 휘두르며 한 유치원 아이가 골목길로 들어서며 사라졌다. 그 모습이 행복해 보인다.

'엄마! 다녀왔습니다.' 하고 대문을 밀치고 들어서며 소리치겠지! 그 엄마는 바쁜 일손을 멈추고 얼싸안아줄 텐데. 나도 우리

아이들이 유치원에 들어갈 나이가 되면, 저 아이처럼 유치원에 보내야 하는데 직장 때문에 집에서 늘 기다려주지는 못하겠지만 그래도 세상에 엄마가 있는 것과 없는 것은 하늘과 땅 차이일 거다. 어린 것들만 달랑 남겨 두고 내가 살아가는 것이 힘겹다고 포기할 수는 없지. 아가가 제일 먼저 배우는 엄마라는 말은 이만 번을 연습해야 한다는데, 엄마하고 부를 때 대답해줄 수 있는 엄마의 자리를 비우면 안 된다. 가슴 속에서 화석처럼 굳어 숨통을 막고 있던 삶의 응어리들이 뜨겁게 뭉글뭉글 녹아내린다. 못살면 어쩌랴! 세상살이 뜻대로 안 되는 것에 연연하지 말자. 내게 주어진 길이라면 겸허하게 순리대로 받아들이자. 비록 병명은 알 수 없으나 심신이 더 나약해지기 전에 자신이 스스로 추슬러야 하는 것은 내 몫이다.

어려서부터 가난과 고생은 찰거머리처럼 나에게 붙어 다녔다. 포기한 상급학교 진학을 중학교 2학년 때 담임 이도필 선생님의 조언으로 사범학교로 진학하게 되었고, 학교를 중단할 위기에 처했을 때도 큰 도움으로 졸업까지 할 수 있었다. 졸업 후에는 소녀 가장으로서 네 식구의 생계도 책임져야 했다. 그런 가운데 어렵게 이루어낸 결혼이었으나 남편은 백일 만에 병역 미필자라는 이유로 실직했다.

직장생활로 아이들 키우기 힘드니 아들 하나만 낳아 박씨 집안의 대만 이어주겠다는 의도도 어긋났다. 둘째가 딸로 태어나면서

곧바로 실의에 빠져들었다. 극히 내성적이었던 나는 산후 우울증으로 평상시 약했던 몸을 지탱하지 못하고 의지력까지 한계에 이르렀던 것 같다. 며칠 동안 정신을 잃었던 것은 세상 다시 태어나 새로 시작하라는 의미의 긴 잠으로 생각하자고 다짐했다.

마장동에서 출발한 버스가 미아리에서 사람들을 태우기 위해 잠시 멈췄다. 창밖에 손수레에 연탄을 가득 싣고 가던 사람이 잠시 멈춰서 흘러내리는 땀을 닦고 있다. 소말리아 사람들의 굶주림과 같은 표정이다. 산다는 것이 무엇일까? 가난의 고통 없이 살 수 없을까? 비록 가난에 지친 그 사람의 모습이었지만 아버지로서의 강인한 삶이 허황한 꿈을 희구(希求)하며 살아온 나를 호되게 일깨워 준다. 감사하다.

세상 사람들에게 잘사는 순서대로 고유번호가 부여된다면, 내가 제일 마지막 번호를 소유하고 있다고 지금까지 생각하며 살았다. 현실을 직시(直視)하지 못한 내 탓이다. 세상에 1,000명이 산다고 한다면, 오늘 999번으로 한 계단 나를 올려놓자. 밥이 있어도 입맛을 잃어 먹지 못하는 것과 밥이 없어서 먹지 못하는 굶주림은 다르다. 나는 전자에 속한다. 그리고 1,000번의 허기진 사람들의 자리를 기억하며 살아가자. 내가 사는 곳으로 돌아가면 나를 선생님이라 부르며 한결같이 바라보는 수많은 눈망울이 있고, 집에는 어린 두 딸이 있다. 나의 목표는 어머니와 선생님으로 사는 것이다.

다섯 시간이나 걸리는 비포장도로를 달린다. 차창밖에 걷잡을 수 없이 다가왔다가 한순간을 스치며 사라지는 가로수처럼, 세월 속에 온갖 것들이 내게 빠르게 지나가고 있다. 살아온 삶을 뒤돌아보니 긍정적보다는 부정적으로 많이 살았다. 아마도 그런 생각이 나를 병들게 했을 거다. 한동안 며느리, 아내, 엄마, 선생님이란 이름에서 나 자신까지도 잠시 떠나 있었다. 이제 제자리로 돌아가자. 내 삶에 대한 지나친 욕심으로 인해 생긴 병이다. 내 병의 치유를 위해 팔아버린 밭 한 두렁은 아버님이 주신 건강의 선물이라 여기고 평생 감사하며 살자.

집으로 들어서 이제 새롭게 태어난 강한 엄마로 두 딸의 곁을 굳게 지키겠다고 나에게 약속했다. 양팔에 두 딸을 얼싸안고 입맞춤을 번갈아 자꾸자꾸 했다.

살다 보면 누구나 한두 번쯤은 삶의 늪에서 허우적거릴 때가 있다. 지금 생각하면 그때가 삶의 위기와 산후 우울증이 한 데 겹쳐 내가 벼랑 끝에 서 있던 때였나 보다. 나를 사랑하신 부모님과 남편, 그리고 두 딸이 있었기에 강인한 정신력으로 수렁에서 벗어날 수 있었다.

40년 전 문밖에서 들리던 아버님의 목소리가 환청으로 들려온다.

"우리 며늘아기 살아났어요!"

한탄강

아침 일찍 한강 둔치로 나가 상쾌하게 걷고 있을 때다. 다리 쪽에서 '철썩' 하고 요란한 소리가 들렸다. 성수대교처럼 다리가 또 무너지는 것은 아닐까? 다리는 이상이 없는데 다리 밑 물속에 석연치 않은 물체가 떠 있어 시선을 뗄 수가 없다. 다리 밑에 가까이 있던 사람이 누군가 빠졌다고 하기에 내가 급히 전화로 신고했다. 잠시 후 수상 경찰 보트가 오고 119구조대가 도착했다.

"40대 중반 남자. '88대교' 네 번째 교각 밑. 구조 인원 15명" 하며 어딘가에 알리고, 구조대는 물에 빠졌던 자를 인공호흡을 시키더니 산소 호흡기를 대고 구급차에 싣고 사라졌다. '개똥밭에 굴러도 이승이 좋다'는데, 어쩌다 그 지경에 이르렀을까? 꼭 살아나야 하는데, 이전에 내가 살아났던 것처럼….

하마터면 철원 '한탄강' 물에서 한탄하며 강물과 같이 흘러갈 뻔했었다.

오래전 이야기다. 40여 년 전 어느 제헌절 공휴일이었다. 남편의 친구 부부와 함께 철원 지역에 '나이아가라 폭포'라는 한탄강의 직탕 유원지에 놀러 갔다. 낭떠러지에서 내리쏟아지는 물소리가 하늘로 울려 퍼지고 뽀얗게 날리는 물보라가 장관이었다. 그 시원한 물가에 앉아 점심을 끝내고, 남편들이 앉아있는 동안 S선생과 나는 슬쩍 일어나 수영복으로 갈아입고 물로 들어갔다.

이북에서 내린 소낙비로 물이 많이 불고 혼탁해져 있었다. 어느새 S선생은 폭포 밑 한가운데 있는 바위에 가서 나에게 오라고 손짓을 한다. 그 정도야 갈 수 있다고 생각하며 첨벙거리며 개헤엄을 쳐 갔다. 바위를 잡는 순간 쭉 미끄러지며 몸이 가눌 수 없는 물살에 휘말려 돌아갔다. 순간 살아날 길이 없이 정신이 아득해지며 눈앞이 캄캄해졌다. 네 살짜리와 6개월도 안 된 딸들에 이어 남편이 스쳤다.

'물에 빠져 죽는구나! 이렇게 죽는 줄도 모르고 너무 아등바등 살았구나!'

크게 세 번째 휘말려 돌아갈 때다. 검은 물체가 닥치며 찰거

머리처럼 몸에 붙어 꼼짝 못 하게 휘어 감는다. '물귀신?' 힘을 쓰면 쓸수록 깊은 물속으로 딸려 들어가 마구 뒹굴었다.

'무섭게 잡혔다. 이제 끝이구나!'

그래도 벗어나려고 안간힘을 쓰는데 헉헉하는 숨소리와 다급하게 물먹는 소리에 남편임을 직감했다. 이러다 둘 다 죽겠다 싶어 전신의 힘을 빼고 그에게 몸을 맡겼다. 그제야 남편은 옆구리에 나를 끼고 헤엄을 치며 물살에 밀려 떠내려갔다. 어디만큼 떠내려갔는지! 남편의 발끝이 겨우 땅에 닿는 듯했다.

흙탕물에 갈잎처럼 둥둥 떠 있는 나의 겨드랑을 잡고 바라본다. 그때 생(生)과 사(死)의 갈림길에서 새파랗게 질려있던 남편의 얼굴빛과 표정, 그 시선. 숨 가쁘게 뛰는 그의 심장 박동 소리가 물을 타고 내 심장으로 전류처럼 흘러들었다.

남편의 동물적인 본능이 내게 너무 많은 의미를 주었다. '이 남자라면 내 평생 믿고 나를 맡겨도 되겠구나!' 그리고 남편에 대해 고맙고 미안함과 죽음에 대한 두려움의 후유증은 꽤 오랜 시간이 지나갔어도 한마디 말로 표현 못 하고 눈을 감고 고개를 흔들어 떨쳐낼 수밖에 없었다.

그 후 그날 일은 일체 서로 언급하지 않고 살았다. 많은 세월이 지나 아이들도 다 커서 우리 곁을 떠난 지지난해에도 그 일에 대한 의문이 풀리지 않아,

“그때 말이야, 한탄강에서 당신은 나와 아주 멀리 떨어져 있는 자리에서 친구와 술을 마시고 있었는데, 어떻게 나를 구할 수가 있었어?”

“네가 건너가지 못할 것 같아 미리 바위 아래 가서 기다리고 있었지, 뭐!”

‘그때 그 순간이 무디어질 만큼 세월이 가버렸구나!’

나는 ‘한탄강’에서 죽을힘을 다하여 살려고 애썼다. 하지만 삶과 죽음의 공존했던 그 한순간에 남편의 사랑과 강한 보호본능이 없었더라면 나의 삶은 한탄강에서 한이 많게 끝났으리라.

3부

노라: 감정의 계절

라일락꽃이 피면

라일락은 아이들과 내가 좋아하는 추억의 나무다. 싱그러운 연두 잎을 보면 자라나는 아이들의 환하게 웃는 얼굴이 어른거리고, 다닥다닥 붙어 있는 꽃차례는 재잘거리던 아이들의 목소리가 들리는 듯 감미롭다. 집안 가득 퍼지는 향기는 맑은 영혼을 가진 아이들의 내음이다.

그와 나는 처음 강원도 북단 철원에다 신혼의 둥지를 틀었다. 막내인 넷째가 태어나면서 우리는 시부모님과 함께 비좁게 살던 장터 가까이에 있던 집을 팔고 새로 집을 짓고 이사를 했다. 그리고 그 집에 백여 평 남짓한 넓은 정원을 만들었다. 대문에서 현관까지 길게 늘어진 등나무 그늘, 축축 늘어져 피는 보라색 꽃차례는 끝없이 이어지는 샹들리에들 같았다. 오동나무를 비롯하여 이 나무 저 나무 내 꿈의 수만큼이나 심었다. 대문을 들어서면 바로 친근하게 바라다 보이는 자리에 심은 라일락도 그중 하나였다.

진짜와 흡사하게 콘크리트로 만들어진 꽃사슴이 있는 잔디밭에서 아이들은 신나게 뛰어 놀았다. 사슴을 올라타기도 하고 퇴근하는 엄마를 기다리며 라일락 꽃잎으로 소꿉놀이 밥상을 차렸던 아이들. 나 또한 일과를 마치고 대문을 들어서면 아이들이 놀던 정원은 언제나 내게 풍성한 생기를 주었다. 라일락이 피면 더욱 그랬다. 향기에 취해 꽃 속에 얼굴을 묻고 있으면 아이들도 달려와 흉내를 냈다.

어느 날 퇴근하여 들어서는 내게 네 살짜리 막내가 달려와 품에 안기며 울먹였다. 두 살 터울 누이도 함께 눈두덩이가 부어올라 산당화 꽃빛이었다. 아이들은 내 양손을 잡고 라일락이 있는 나무쪽으로 끌고 갔다. 그 나무 앞에 제 머리만 한 흙무덤을 가리키며, "저기 죽은 잉꼬 한 마리를 색종이로 싸서 흙으로 덮고 절을 했어. 그리고 혼자 울고 있는 잉꼬가 불쌍해서 엄마 찾아가라고 새장에서 날려 보냈어."

아이들은 서럽게 어깨를 들먹이며 닭똥 같은 눈물을 뚝뚝 흘렸다. 오랫동안 아이들이 말도 건네고 정을 주며 기르던 잉꼬였다.

"잘했어. 죽은 새는 하늘나라로 갔고, 또 다른 한 마리는 엄마한테 보냈잖아. 울지 마."

콩콩 뛰는 가슴을 안아주며 속으로 '그래! 비어 있던 엄마 자리에 또 상처가 나고 말았구나!' 이별과 그리움의 아픔. 이별이란 서럽고 가슴 아픈 경험을 일찍 알게 했으니 너희 속도 아프지만 내 속은 더 아프다. 그러면서 한편으로는 어린것들이 생명의 존귀함을 알고, 수목장을 치르며 영혼의 세계까지 생각한 것이 기특했다.

또한, 그리운 사랑을 찾아가게 한 그들의 세심한 고려는 엄마도 감히 생각해낼 수 없는 아름다운 마음이었다는 것을….

온 누리에 생명의 소리가 가득 넘쳐 나는 6월 어느 날이었다. 라일락 향기가 떠나간 자리는 마치 시골 아낙 치맛자락인 양 갈맷빛으로 몸을 드리우고 말이 없다. 마치 귀한 손님이 머물다 간 쓸쓸한 빈방이듯 정원은 허전함이 감돌았다. 그러던 어느 날 오후 큰딸아이가 꽃나무 있는 곳에서 나를 부른다. 그리고 '짠' 하며 스케치북을 펼친다. 고사리손으로 떠나간 라일락 꽃차례를 화지에 가득 그려 놓았다. 그 섬세한 그림에서 사라졌던 향기가 물씬 풍기는 듯했다.

그러던 그 집에서 이사 가는 날이었다. 자전거를 타고 꽃을 뿌리며 정원을 신나게 돌아가던 아이들의 웃음소리, 기다림, 눈물, 수없이 남긴 발자국들을 거기 두고 떠나와야 했다. 숱한 나무들이 소리쳐 부르는 것 같아 뒤돌아보며 '잊어버리자. 잊어야 한다.' 하고 스스로 마음을 추스렸다. 하지만 봄날이 되면 두고 온 라일락은 눈에서 어른거리고 가슴에서 피어났다 지곤 했다. 한 곳에서 뿌리내리지 못하고 이곳저곳 부임지를 찾아다니며 떠돌던 이십여 년의 세월. 그때 내게는 그 라일락 한 그루가 가슴에 심어져 향기도 내지 못한 채 치근덕거리듯 어느 곳이든 따라 다녔다.

퇴직하고 내설악 미시령 아래에 여생 머물다 갈 둥지를 틀었다. 그해 남편이 다섯 살짜리 라일락 꽃나무를 생일 선물로 사다 심어 주었다. 라일락은 아침저녁으로 볼 수 있는 장독대 옆에 자리를 잡았다. 꽃이 피기도 전에 마음이 설레며 지난날 환영이 떠오른다.

제 몸통보다 더 큰 바이엘 피아노 교본을 힘겹게 옆에 끼고, "엄마, 다녀왔습니다." 소리치며 보라색 꽃등 밑으로 뛰어 들어오던 앙증맞게 생긴 둘째, 죽은 새끼의 수목장을 치러주며 눈두덩이 벌겋게 눈물 흘리던 셋째와 막내, 화지에 그려놓았던 큰 딸아이의 꽃차례에 향기는 아직 떠나지 않고 머물고 있다.

이제는 아이들도 라일락 나무만큼이나 커서, 향기 퍼져 떠나가듯 제 갈 길 다 떠나갔다. 하지만 어미 마음은 아직도 환영으로 본 어린아이들로 머물고 있다. 네 명의 아이들이 모두 다

황무지에서도 까다롭게 굴지 않고 잘 자라는 라일락 같이 꽃피우고 향기 날리며 살아가기를 빈다. 올해도 예외 없이 라일락은 피고, 내 자식들의 맑은 영혼인 양 향기는 집안 가득히 퍼진다.

막 차

아이들이 사는 서울 집에서 이틀을 보내고 남편이 기다리고 있는 시골집으로 가기 위해 밤늦게 막차를 탔다. 현란한 도시의 불빛을 지나 한적한 곳에 이르니 몸도 마음도 차분해진다. 편안한 자리에 앉아 있으니 새삼스레 지난날이 떠올랐다. 서울 출발 막차 지금쯤이면 잊어버릴 만도 한데… 영국에 사는 큰딸아이가 올해 지명이니 40여 년 전 일이다.

큰딸아이가 네 살이 조금 지났을 때부터 피아노를 가르쳤다. 아홉 살이 되던 해 일이다. 갑자기 레슨 선생님이 멀리 이사를 하시게 되자 그 선생님의 권고에 따라 서울에 계신다는 본인의 옛날 교수님을 소개 받았다. 매주 일요일이면 철원에서 영등포까지 개인레슨을 받으러 가야 했다.

어린 나이에 서울 첫 나들이이었다. 딸과 함께 찾아가며, 다음부터는 혼자 다녀야 하는 길 익히기를 하는 날이었다. 점심사 먹을 집, 시내버스를 타고 가다 중간에 내려서 바꿔 타야 할 장소며 오가는 길을 상세하게 일러주었다. 1시간 피아노 교습을 하기 위해 아이가 찾아다녀야 할 길에 따르는 위험, 불안과 초조의 시간은 딸아이도 나도 쉽지만은 않았다. 왕복 일곱, 여덟 시간이면 하루해가 다 저물었다.

두 번째로 가는 날 처음으로 혼자 아이를 보내놓고, 온종일 아슬아슬한 벼랑 끝에 서 있는 기분이었다. 딸과 함께 갔던 시간을 떠올리며, '지금쯤은 어디서 어디로 가겠지.' 하는 상상을 하며 돌아올 때까지 안절부절못하며 속을 태웠다. 그렇게 다람쥐 쳇바퀴 돌 듯 한동안 혼자 다녀도 싫어하는 기색 없이 잘 해내더니 어느 날 다섯 살짜리 제 동생을 데리고 다니겠다고 했다. 혼자 보내는 것보다 조바심이 조금은 줄어들었다. 그리고 잘들 다니기에 기특했다.

그러던 어느 날 돌아올 시간이 되어 버스 정류장으로 나갔다. 버스는 도착했는데, 당연히 내려야 할 아이들이 보이지 않는다. 한 번도 시간을 어긴 적이 없었는데 어쩌다 차를 타지 못했을까? 불안한 마음으로 40분을 초조하게 기다렸지만, 다음 차에도 아이들은 내리지 않았다. 마음이 조급해지기 시작했고 생각이 불길한 쪽으로 꼬리를 물었다.

“얘야, 웬일이니? 잘못되면 어떻게 하니?”

뒤늦게 따라 나오신 시어머님의 목멘 소리가 나의 목을 더 졸랐다. 일흔이 넘으신 시아버님은 움직이시지도 않고 늦은 밤 길가에 망부석처럼 서 계신다.

나는 죄인이 되어 속이 타들어 갔다. ‘혹시 한두 대 정도는 늦을 수 있다지만… 필연 무슨 일이 있는 것이다.’ 사방은 숨통을 막아 버릴 것 같은 어둠이 내려앉기 시작했다. 다닥다닥 붙어있는 상점들의 불빛이 무서워졌다. 그 자리에 서서 꼼짝 못하고 기다린 시간이 무려 4시간. 살아오면서 이렇게 암담함이 지속한 적은 없었다. ‘만일 아이들이 막차에도 오지 않는다면, 이를 어쩌나!’ 온몸이 부들부들 떨리다 못해 굳어지는 느낌이었다. 잘 길러보려는 욕심이 지나쳤음인가? 일을 저질러 놓고 후회를 한다. 막차가 도착하는 순간 숨이 멈추는 것 같았다. 흐릿한 차창을 통해 차 안을 살피는 순간 두 딸의 모습인 듯 희미하게 어른거렸다. 나는 정신이 몽롱해졌다. 허수아비처럼 이미 정신이 다 빠져있었다. 그때 아이들이 보이지 않았더라면 아마 기절해 쓰러졌을 것이다.

“감사합니다.” 하고 몇 번이나 정신 나간 여자처럼 어둠 속에서 중얼거렸다. 딸들은 지친 모습으로 차에서 내리며 다급하게 “엄마 잘못했어요. 용서해주세요.” 나는 속으로 ‘엄마가 잘못했

는데, 왜 너를 용서해줘? 네가 엄마를 용서해 주어야지!'

"그래, 무슨 일이 있었어?"

"레슨 못 받았어요."

"괜찮다. 괜찮아! 엄마가 얼마나 기다렸는데."

작은딸아이를 차에서 얼른 안아내려 업었다. 악몽에서 깨어난 듯 나른해진 내 등 뒤에서 엄마 들으라고 온종일 있었던 일을 열심히 이야기한다.

"차장이 상도동 장승배기 정류장에 내려주기로 했는데, 잊어버리고 엉뚱한 곳에다 내려주었어. 레슨도 안 받았는데 무슨 점심이야! 그러면서 점심도 안 사줘 배가 고파 울기만 하니까 언니는 화만 냈어."

그 말을 듣는 순간 눈앞이 캄캄해졌다. 세상에 태어나 처음 당하는 일에 당황해했을 아이들. 눈물 흘리며 온종일 거리에서 헤매었을 아이들을 생각하니 기가 막혔다.

어두워지는 서울 거리, 그 와중에 교통순경한테 이야기했더니 시외버스 정류장으로 가는 길을 알려주어 아슬아슬하게 막차를 탔다고 큰딸이 덧붙였다. 위급한 상황을 슬기롭게 대처할 수 있었던 아이들이 기특하면서도 쓰리게 가슴을 헤집었다.

이제와 돌이켜보면 아이들의 주말 피아노 개인레슨을 위한 서울 방문은 여러 가지 환경적인 여건으로 보아 가당치도 않은 욕심이었다. 아이들의 입장을 고려하기보다, 어미의 눈높이로 키웠다는 것을 부정하지는 않는다. 하지만 안이한 생활방식보다, 항상 앞서가려는 진취적 성향에 길들여지지 않았겠는가 하는 위안을 해 본다. 자식을 기르고 가르치는 것은 열정적인 자기희생이다. 어미는 제 자식을 열정적으로 기르고, 그렇게 길러진 자식은 또 어미가 되어 제 자식을 똑같이 열정적으로 가르치지 않을까? 그것이 부모와 자식 간에 대를 이어 반복되는 관계인 것 같다.

오랜 세월이 흘렀지만, 그때 딸아이들이 낯선 거리에서 온종일 당황하고 불안해했을 것을 생각하면 지금도 등줄기가 서늘해진다. 그래도 그 어린 것들이 서로 의지하고 먼 길을 헤매어 어미에게 찾아와 준 것이 얼마나 고맙고 감사하던지. 지금까지도 딸아이들한테 미안함이 불에 덴 자국처럼 남아있다. 만일, 그때 막차에서도 그애들이 내리지 않았다면?

피아노와 DDT

첫돌 지난 외손녀가 피아노가 있는 방으로 가 건반을 열어달라고 끙끙대며 도움을 청한다. 손바닥으로 여기저기 꾹꾹 누르니 불협화음의 피아노 소리가 난다. 흥미롭고 신기한지 쳐다보며 실쭉 웃는다. 그런 손녀의 재롱을 보고 있자니 큰딸 어렸을 적 생각이 떠오른다.

꿈도 많고 아픔도 많았던 시절, 나의 봉급에서 몇 년 동안 푼푼이 모아 계를 탄 돈으로 힘들게 마련한 독일제 피아노는 우리 집 재산 목록 1호이자 애물덩이었다. 아직도 사십 년이 넘게 방 하나를 차지하며 침묵하고 있다.

딸아이가 젖을 빨고 있으면 딸아이의 손가락을 자근자근 누르며 말했다.

"길고 예쁘게 빨리 커야 한다. 그래야 이 손으로 피아노를 치지! 어렸을 적 엄마의 소원이 피아니스트이었어. 너는 해낼 거야."

큰딸이 네 살 반, 유치원을 들어가기도 전에 일찍 피아노를 가르쳤다. 어린 나이답지 않게 잘해냈다.

4학년 때다. '달리는 말에 채찍질한다'고 어미의 눈높이로 혹독하게 연습을 시켰다. 딸에게 피아노는 생활 전부라고 생각했다. 그날따라 급하게 출근하려는데, 요즈음 딸이 피아노 치는데 게을리 한다는 시어머님의 말씀을 듣고 순간 자초지종 한마디 말도 없이 처음이고 마지막이라는 생각으로 자극을 주려 매를 든 것이 눈에 띄는 총채였다. 딸만은 이 다음에 고생스럽게 살게 해서는 안 된다는 생각이 번쩍 들며 또 힘겹게 살아가는 어미의 삶을 몰라주는 딸이 야속하기도 했다. 겁만 주려고 매를 든 것이 어쩌면 내 속에 쌓여있던 삶의 분노가 나왔는지 모른다.

"엄마! 피아노 열심히 치겠어요."

딸아이의 울음 속에서 연이어 나오는 말에도 나는 나의 격한 감정을 추스르지 못했다.

"이제는 너 피아노 개인지도 가지마. 끝이야. 다 소용없는 짓이야."

"엄마, 정말로 열심히 칠게요."

"이제 다 그만둬 끝났어!"

하지만 속으로는 진정으로 제발 정신 좀 차리고 열심히 해 달라는 뜻이었다. 그러나 자극을 준다는 것이 너무 지나쳤다. '네 몸에 멍든 것은 시간이 지나면 없어진다. 그러나 엄마 가슴에 든 멍은 지우지 못하는 상처로 남아 평생 괴롭힐 것이야.' 하는 생각을 하며 바쁜 출근길로 나섰다. 하루 종일 매를 피하던 딸의 모습이 눈에 어려 힘들었다.

"네가 어미냐? 내가 약 사다 발라주었다."

온종일 힘겹게 견디어 냈는데 퇴근하여 집안으로 들어서는 내게 어머님이 대못을 쾅 하고 내려치셨다.

잠든 딸아이의 엉덩이 여기저기 붉고 푸르게 멍든 저리에 약을 바르는 내 손을 잘라내는 것처럼 아팠다.

"엄마 용서해주어. 다시는 안 그럴게."

돌이킬 수 없는 실수로 잠들기 어려운 밤이었다.

그 후 나는 오랜 세월 그 일로 가슴앓이를 하며 살았다. 흘러간 그 일을 용서받고 억지로라도 아픈 기억을 털어내고 싶었다. 그래서 컴퓨터 자판을 두드리고 있을 때다. 한밤중에 전화벨이 울린다. 영국에 사는 큰딸이다. 모녀 사이에 텔레파시가 통했나?

넌지시 던지는 말,

"엄마 어렸을 적 일이 갑자기 생각나서 전화했어. 나 4학년이 되면서 왜 피아노를 못 치게 했어?"

나의 답을 기다리지도 않고 딸아이는 말을 이어간다.

"지금 살아 있으니 그리 큰일은 아니지만 그때 나 약 먹은 것 엄마 모르지? 그때 피아노는 내 생명과도 같았다고 믿었어. 피아노를 치지 않으면 내 삶은 살아갈 가치가 없다고 생각했거든. 그렇게 키운 것은 엄마였지만, 어쨌든 엄마가 내 피아노 레슨을 중단하라고 했을 때 나는 그 절망감에서 헤어날 수가 없었고 또 엄마의 그런 단독적인 행동에 너무 화가 났어. 차라리 죽으면 났다고 생각했지! 그래서 집에 있던 DDT 약을 물바가지에 타 마셨어. 그리고 엄마 곁에서 자면 아침에 일어나 슬퍼할 것 같아 할머니 방에 들어가 누워 죽을 때를 기다렸어. 잠이 들면 그대로 죽는 줄 알았는데, 아침에 눈을 뜨니 살아 있더라구. 오늘 안으로는 죽겠구나! 하면서 하루, 일주일, 한 달, 그리고 서서히 죽어 1년을 기다렸어. 그 뒤로는 길을 지나다 피아노 소리를 듣거나 '피' 자만 보아도 숨이 멈추고 가슴에 큰 아픔이 느껴졌어. 지금도 그 생각을 하면 가슴이 아파. 문득 생각이 나서 전화를 했는데 너무 걱정하지는 마! 이제는 모두 지난 일이니까!"

나 혼자 가슴에 꼭꼭 안고 아파하며 살아왔는데, 폭탄을 맞은 것처럼 온몸이 확하고 불붙는 듯했다. 당혹스러워 전신이 녹아내리는 듯 힘이 쭉 빠져나갔다. 자식이지만 보기가 부끄럽고 당혹스러웠다. 선뜻 대답이 나오지 않았다. "너 피아노 개인지도 가지마. 끝이야." 한 그때를 계기로 딸아이는 피아노를 멈추게 됐다. 사실은 그때 내가 교감으로 승진이 되어 먼 곳에 발령이 나면서 떨어져 살게 되었던 것이 주원인이었다. 주말이면 만나야 하는데 딸이 일요일마다 서울로 개인지도를 받으러 가면 아주 짧은 시간 밖에 볼 수가 없었다. 또한, 엄마 없는 집에서 아이를 서울로 멀리 레슨 보낼 수 없는 나의 불안감 때문이었다. 그것이 지금의 솔직한 엄마의 고백이다. 엄마 역시 어린 것들의 곁을 떠나가 혼자 살아가야 했고 갈팡질팡하는 내 삶의 흔들림으로 인해 올바른 판단을 못 했다. 딸의 마음에 큰 상처만 남겨 주고 제 갈 길을 멈추게 했다.

열 살짜리 큰딸과 삼십 대 꿈 많고 경험 부족했던 젊은 엄마였던 나. 모녀라는 숙명 속에서 나의 한순간의 실수로 딸은 딸대로 나는 나대로 너무나 오랜 세월 동안 우리는 멀리서 아파해온 것이다.

우리의 꿈과 아픔을 오랫동안 같이한 그 피아노는 나의 무거운 죄책감만큼이나 커다란 몸집으로 빈방에 웅크리고 앉아있다. 피아노의 주인인 큰딸은 이제 타국으로 멀리 떠나가 사는데….

나는 지금도 많이 아프다. 그때를 생각하면.

오랜 시간이 지난 저 피아노는 재산목록 1호이자 우리 집 애물이다.

반명함판 사진

문득 25여 년 전 일이 산안개 피어나듯 떠오른다. 우리는 철원에서 시부모님을 모시고 사 남매를 낳아 기르며 한집에서 오손도손 살았다. 남편이 교감 승진을 하면서 잔잔했던 집안에는 회오리바람이 몰아쳤다. 그는 강원도 북단 철원에서 남쪽 끝 삼척 오지로 발령이 났다. 남편이 떠난 뒤 남은 가족들은 선장 없는 배처럼 흔들리고 힘들어했다.

1982년 3월, 그를 부임지로 떠나보내던 날, 마당에 아직 피지 않은 목련이 시무룩해 있었고, 울타리를 화사하게 물들이고 있던 개나리도 노란 울음을 터트릴 것 같이 슬퍼 보였다. 여섯 살 난 막내 녀석이 잠에서 깨어나 아버지를 찾으며 보챘다.

하기야 인사 정책상 어려움도 있었겠지만, 가능하면 부부 교사를 같은 지역에서 근무할 수 있게 고려하는 우대 조항의 묘를 살리지 못했던 아쉬움이 없지 않았다. 지금 생각하면 원리원칙대로 살아온 고지식한 내 탓이기도 했다.

주말 부부로 밤새워 찾아 오가야 했던 먼 길 우리는 견우와 직녀처럼 헤어지고 만나기를 5년 동안 거듭하며 가시지 않은 그리움으로 많이 힘들어했다. 지금도 가끔 묻어나는 그때의 아팠던 세월을 잊을 수가 없다.

남편이 근무하는 곳을 가기 위해서 토요일 일과를 끝내고 버스로 비포장 길을 서너 시간 걸려 청량리에 도착한다. 22시 30분 영동선 열차를 탄다. 온종일 바쁘게 돌아치다 지친 몸으로 찾아 앉은 딱딱한 자리에서 몰려오는 피로로 잠시 눈을 감았다 뜬다. 창밖은 온통 어둠으로 꽉 차있고 유리에 반사된 건 초췌한 내 모습뿐이다. 마치 물 빠진 웅덩이에 팔딱거리는 송사리 같은 내 모습이 차창에 비친다.

물끄러미 바라보며, '너는 누구이기에?' 묻고 묻는다. 그리고 살아온 세월의 흔적을 반추해 본다. 사랑하는 가족끼리 살아가는 것이 진정한 행복이라는 것을 뒤늦게 깨닫는다. 허둥지둥 밤기차를 타고 남편을 찾아가는 내 모습이 안쓰럽고 초라하다. 지나온 세월은 보이지 않는데, 어느새 눈가에 실주름이 지고….

열차 안은 각자 제 삶을 살아가는 사람들의 모습으로 천태만상이다. 선잠을 깬 아가의 칭얼대는 소리, 할아버지의 찌든 기침 소리, 음료수를 싣고 다니는 손수레에서 달그락거리는 병 소리. 아이를 가운데 두고 남편의 어깨에 머리를 기대고 잠든 여인의 모습을 시름없이 바라본다.

기차는 태백준령을 향해 밤새도록 힘겨운 소리를 내며 레일을 기어오른다. 봉화, 춘양역을 거쳐 통리 정상에 오르더니 산등성이를 타고 줄기차게 동해로 내리구른다. 차창 밖 철길 아래 낡은 슬레이트 지붕, 숱한 세월 가라앉은 먼지 위에 희끄무레한 새벽이 내려앉는다. 내 마음에 앉아있는 찌든 먼지만큼이나 무겁게 보인다. 기차 안의 하룻밤은 그렇게 간다. 밤을 새운 초행길. 그가 기다리고 있을 목적지가 가까워지니 나의 가슴은 참새가슴인 양 달막거리기 시작한다. 기적(汽笛)이 새벽의 정적을 깨며 산모롱이를 돌아나니 마침 내가 내려야 할 '신기역'이다. 밤새 나의 삶을 뜨겁게 달구었던 기차는 작은 역을 뒤로하고 바람을 일으키며 떠나버린다.

낯설기만 한 시골 역. 울타리 밖으로 얼굴을 내민 해바라기가 그이인 양 먼저 반긴다. 억지로라도 웃어 주었으면 좋으련만 그의 숨길 수 없는 그늘진 모습이 나를 아프게 한다. 홀로 서 있는 그의 모습에 나는 측은함으로 그만 고개를 떨어뜨리고 만다.

마을은 쥐 죽은 듯 고요하다. 낯선 곳에서의 하룻밤은 편치 않았다. 날이 새면 혼자 떠나가야 하는 아쉬움이 잠을 앗아갔다. 서늘한 달이 바라지창에 잠시 머물렀다 미련 없이 떠난다. 지축을 흔들며 굴러가는 깊은 밤 기적 소리. 날이 새면 나는 그 소리 따라 떠나가야 한다. 떠날 때는 돌 비석인 양 흔들림 없이 떠나야지! 몇 번을 다짐한다.

이른 아침, 남편은 출근하고 나는 학교가 바라다 보이는 간이역에서 기차를 탔다. 먼발치서 혹시라도 남편의 모습을 보기 위해 학교 쪽으로 눈길을 돌렸다. 2층 교실 창문을 열어놓고 긴 목 드리운 채 손 흔들어 배웅하는 그이. 그 모습은 '명함판'이었다. 아니 조그만 '반명함판 흑백 사진'

남의 속 알 리 없는 무정한 기차는 한순간 획 지나가며 사진기의 조리개는 찰깍 닫치고 말았다. 온몸의 열기가 고통으로 치닫는다. 손 한 번 들어주지 못한 채 얼굴을 묻어버렸다. 삶의 시련이 인정 없이 구르는 레일에 깔려 엄청난 소리로 흐느꼈다.

짙푸른 아침 바다를 제대로 바라보지도 못한 채 강릉역에 도착하여 서울행 버스로 옮겨 탔다. 신사임당이 어린 자식 율곡의 손을 잡고 힘겹게 걸었을 아흔아홉 굽이 대관령을 나 또한 그렇게 오르고 있다. 만감이 교차하는 순간이다. 길지 않은 인생 이토록 애태우며 살아가야 할 의미는 어디에 있는가! 내 가던 길 멈추고 그와 함께 살아가는 길을 택해야 하나 망설여진다. 아니다! 그럴 순 없지! 나의 배고픈 어린 시절 부모님에 대한 원망이 잊히질 않기 때문이다. 내가 직장을 그만둔다면 시부모님과 사는 우리의 사 남매에게 배고픔이 그대로 대물림으로….

나는 빛바래지 않은 '반명함판 사진' 한 장을 가슴 깊이 간직하고, 아이들 있는 곳으로 마음을 연다.

조각보 짓듯이

지치지 않고 계속되는 끈질긴 파도 소리에 바다 쪽으로 난 방문을 밀어젖혔다. 비릿한 바다 냄새에 입덧하듯 울컥한다. 저 망망한 수면을 정지시켜 놓고, 그 위에다 손가락으로 쓰고 싶은 말 한마디.

"지선아! 엄마는 너를 사랑하고 있어!"

가슴앓이 한 지난 시간을 하얀 독수리 날개깃 같은 파도에 실려 보낸다. 파도가 달려와 모래 벌에 안기듯 너도 달려와 엄마 품에 안기면 안 되겠니?

- 올해 네 나이 마흔이다

40여 년 전 만삭의 몸으로 작명가를 찾아갔었다.

'박지선(朴志繕)'이란 이름을 주며, "29일 출생하면 영특한 아이를 낳을 것이니 의사나 판사를 시키시오." 한다. 음력 1969년 12월 29일 오전 7시 55분, 너는 셋째 딸로 세상에 나왔다. 간절한 바람이 이루어진 복덩어리였다. 사흘 되던 날 잠든 너의 얼굴을 들여다보며 '못난 내 속에서 이렇게 예쁜 아기가?' 하며 신기로워했다. 백옥 같은 살결에 볼그스레한 뺨, 날개만 있으면 영락없는 천사다. 빨간 동그라미를 친 출근할 날을 두고 달력에다 빗금을 그으며 25일을 지워나갔다. 벼랑 끝 같은 날, 너를 집에 두고 나와 나는 허깨비처럼 걸어갔다.

너는 자라면서 유난히 나를 빼닮아 갔다. 어렸을 적 너의 외할아버지가 나를 부른 별명이 '못난이'다. 딸 넷 중 왜 내게만 못난이라고 하셨을까? 자라면서 나는 못났다는 생각에 자신감을 잃고 살았다. 그러던 내가 왜 너를 '못난이'로 불렀을까? 정말 못난이한테는 '못난이'라고 부르지 않는다. 많은 세월이 지난 뒤에야 그것이 사랑이 담긴 애칭이라는 것을 알았단다.

- 슬픈 기다림

교감으로 승진하면서 '잠곡'이라는 곳으로 가게 되었다. 주말이면 식구들이 있는 집에 와 하루도 안 되는 열여섯 시간을 보내고 돌아서야 했다. 토요일 해질녘 교회 종소리가 들릴 때야 집으로 들어서는 나에게 달려와 안기며 으레 내뱉는다.

"엄마가 올 줄 알았는데 왜 안 왔어? 하늘을 보면서 눈에서 물이 막 나왔어."

다섯 살이었던 네가 세 살짜리 동생과 마주 서서 서로 물을 닦아 주었다는 이야기는 나에게 다시 가지 말라는 바람의 표현이었는데, 나는 너의 속도 모르는 척, 다음 날이면 바람이듯 사라지곤 했었다. '눈물'을 '물'이라고 표현한 어린 자식에게 이별과 기다림의 아픔을 밥 먹듯 하게 한 죄 많은 어미였다.

- 병원 회복실에서

소파 수술로 '금성병원' 회복실에 누워 있을 때다. 어떻게 알고 두 딸이 왔다.

"지선이는?" 하는 순간 네가 문을 열고 들어와 내 발치에 힘없이 주저앉아 이불 속의 내 발목을 잡는다.

"엄마 죽지 마!"

눈물이 뚝뚝 떨어질 때마다 발끝에 느껴지는 찌릿한 슬픔을 잊을 수가 없었다. 딸 셋 중 가장 강한 줄 알았는데. 하기야 그때 유치원 다니던 네가 강하면 얼마나 강할 수 있었겠니. 엄마에게 애처로움을 느끼게 했다.

- 대추나무에 마음이 열렸다

초등학교를 들어가며 엄마의 퇴근 시간을 기다리는 너의 마음은 특별했다. 정원에서 자전거를 타고 뛰어놀다가도 해질녘이면 대추나무에 올라가 골목길로 돌아올 엄마를 기다렸다는데. 나는 그것도 모르고 온종일 떨어져 있던 너에게 가시가 있는 나무에 올라가 논다고 그른 소리만 해댔다. 그때 너의 애타는 기다림을 미리 알았더라면….

"대추나무는 가시가 있는 나무예요. 다시는 올라가면 안 돼요." 하고, 지금 내 손녀들에게 하듯 사랑스럽게 쓰다듬어주었더라면 후회가 없었을 텐데.

그 대추나무가 생각나 말년에 시골에 둥지를 틀며 제일 먼저 심은 것이 대추나무였다. 이제는 나도 너를 기다려야 하겠기에 너처럼 오르지 않고 그 대추나무에 내 마음만 올려놓고 산단다.

'엄마에게 가까이 오고 있니?'

- 눈물 서린 터미널

아이들은 서울에서 할머니와 살게 하고 나는 동해 바닷가 삼척으로 발령을 받고 떠났다. 시어머님이 조심스레 이야기를 꺼내셨다.

"토요일이면 지선이가 동생을 데리고 밤늦게 들어오는 날이 많다"고 하신다.

지난 토요일에는 눈꺼풀이 벌겋게 되어 들어왔기에

"왜 그래?" 하고 물었더니 "강남터미널에서 막차까지 기다렸는데, 엄마가 안 왔어."라고 울먹이며 제 방으로 들어갔다고 하신다. 엄마가 내리지 않는 막차에서 느끼는 허전했던 마음을 상상하면! 그렇게 기다리며 자란 너에게 인제 와서 무엇으로 대신하여 그 아픔의 공간을 채워 놓을 수 있을까?

- 엄마 잘 가

어머니란 이름은 아프기 위해 생겨난 이름인가 보다. 새집같이 높은 아파트 베란다에서 내려다보며

"엄마 잘 가" 하고 손 흔들면, 꼭 제비 새끼들 짹짹거리는 소리로 들렸다. 나 혼자 강남으로 떠나는 격이었다. 나도 떨어져 사는 것을 참을 수 없어서 지선이와 준섭이에게 매일 한 장씩 편지를 써서 부치며 그렇게 훌쩍 때운 세월도 있었다.

제가 어미가 되어,

"엄마! 나 세상에 누구도 가질 수 없는 소중한 보물 하나 가지고 있어."

"보물?"

"엄마가 나 어렸을 때 내게 보내준 편지 한 권!"

- 짧은 편지

대학 들어가 엄마가 사는 교육청 관사에 다녀가던 날.

엄마, 나 서울로 돌아가요
어지러운 부엌 정리 못 하고
책상 위에 먼지만 치워 놓고서
"엄마
나
이쁘지?"

- 1989. 지선이가

간 줄은 알면서도
시장기 같은 마음
쪽지에 담아놓은
예쁜 그림
"그럼, 이쁘고말고!"

- 엄마가

- 장하다

어떤 용기로 이탈리아어 6개월 공부하고 밀라노로 떠났니? 그때 너를 보내놓고 엄마 속은 불꽃이듯 타면서 살았다.

- 인사동 거리

우리에게 슬픈 추억만 있는 것은 아니다. 인사동 거리를 셋째 딸의 손을 잡고 걸을 때는 참으로 행복했다. 이제 너도 먼 훗날 네 딸 '햇살'이나 '헤이라'의 손을 잡고 걸으며 너와 내가 했던 것처럼 거리의 풍물들을 이야기하며 이 엄마를 떠올리겠지!

- 호박죽을 쑤면서

네 큰언니 일 년에 한 번씩 한국에 들어와 엄마 손맛에 취해 이것저것 가리지 않고 먹다가 소화 불량에 걸리면 호박죽을 쑤란다. 큰언니는 설탕. 둘째는 꿀. 네가 있었으면 분명 소금만 넣으라고 했겠지. 죽 세 번 쑬 뻔했다.

호박죽 하니 문득 네 산후조리가 생각난다. 엄마 사랑받고 싶어 하늘길 멀다 않고 아이 낳으러 한국 엄마 곁으로 왔으니, 산후 조리 도움은 당연히 내 몫이었다. 그런데 도우미 두는 바람에 밀려났던 어미의 허전함을 너는 알겠니? 곁에 있을 때 어미한테 하고 싶은 말 다 하고 돌아갔어야지! 마음 무거워 어찌 돌아갔을까? 그러나 너는 효도 했다. 내게 그리도 기다리던 첫 손녀를 안겨 주어서.

- 기다림의 세월

지금의 기다림을 통해 너의 어렸을 적 기다림이 얼마나 많이 아팠던가를 안다. 이제 내가 너를 원해도 너는 이미 내 곁을 떠나가 버렸다. 몸은 떠났지만, 마음은 두고 갔어야지! 훗날 어쩌려고… 너에게 눈길 제대로 줄 틈 없이 왜 미친 듯 살았는지! 그런 환경 속에서 잘 커 주어서 고맙다. 우리 서로 아픔 없는 기다림으로만 살아가자.

- 고맙고 미안하다

나의 늦은 석양 길, 고대하던 할머니로서 의미 있는 삶을 가지게 해주었다. 하지만 네가 출산하러 나와 있는 동안 엄마 품에 포근하게 기대고 나날을 보내고 싶어 했었는데 이 엄마는 뒤늦게 글쓰기를 한다고, 너에게 미처 마음 쓰지 못했다. 네가 떠나고서야 '왜, 나는 이번에도 지선이가 바라는 엄마가 되어주지 못했을까?' 하고 후회도 했지만 이미 넌 아쉽게 떠나버린 후였다. 미안하다.

- 커플 옷

네 딸과 함께 시원한 여름 보내라고 커플 옷을 만들었다. 의

상 디자인 공부한 너에게, 부족하게나마 엄마의 정성을 담아 한 땀 한 땀 박아 만들었다.

"엄마, 두고 떠나려니 마음 무거워."

네 눈물의 무게를 기억하며, 너 생각날 때마다 엄마가 부르는 '동심초'를 부르다 보면 기다림의 세월은 가고 말 거야!

어느새 수평선 위로 붉은 해가 곧 솟아오를 조짐이다. 햇살 고운 봄날 오거든 엄마가 너를 위해 지은 조각보를 열어 보렴.

길 떠남 이젠 네 차례

“준(竣)아, 길 떠남 이젠 네 차례다. 이제껏 평생 내가 떠나고 네가 나를 보내야 했었는데….”

공항터미널 에스컬레이터로 오르며 양팔 번쩍 들고,

“엄마 긴장 늦추지 마세요.” 하며 공부하러 간다고 영국으로 떠나던 아들.

‘이제 가면 언제 오려나?’

1983년 네가 초등학교 3학년, 봄방학 때였다. 내가 삼척으로 발령이 나자 시골 살림을 정리하고 아이들은 서울로 이사 보내게 되었다. 부모와 헤어져 살기에는 어린 나이였지만 피라미 새끼 바다에 내보내면 저절로 고래만큼 크는 줄 알았다. 우매한 나의 욕심이 지나쳤다.

그때 불안하고 초조했다. 너는 짐을 꾸리는 엄마 발끝에 앉아 밤늦도록 "엄마 봉급이 얼마야? 엄마 학교 그만두고 우리랑 서울에 가서 같이 살자. 내가 새벽 일찍 일어나 신문 배달하고, 학교에 다녀와서 구두 닦기를 하면 우리 식구 먹고살 수 있어." 애타는 어미 속도 모르고 팔을 잡고 칭얼대던 철부지였다. 꿀꺽꿀꺽 울음을 참아내며 시무룩한 채 눕더니 잠결에 흐느낀다.

'러시아'가 낳은 교향곡 '비창'의 작곡가 '차이콥스키'는 '나의 생애 중 가장 슬펐던 기억 중의 하나가 어렸을 때 죽기보다 싫었던 것이 어머니와의 이별이었다.'라고 했다는데… 그런 슬픈 이야기를 알고 있으면서도 나는 너에게 그렇게밖에 할 수 없었다.

서울로 이사해놓고 임지(任地)로 떠나는 날 새벽이었다. 아이들과 헤어질 시간이 촉박해 오자 초조해졌다. '어린 아들녀석이 잠이 깨기 전에 집을 나서야지.' 하다가 '아니야. 그래도 간다고 말은 해야지.' 하며 문밖에서 잠시 서성이다 네 방문을 열었다. 이불을 푹 뒤집어쓴 채 자고 있다. '일어나면 많이 허전해 할 텐데' 하며 착잡한 마음을 다잡고 방을 나오려 할 때다. 발끝에서 이불이 들썩이며 부푼 가슴 터지는 소리가 들렸다. 이불을 들어보니 너는 새우등을 하고 엎드려 흐느끼고 있었다.

'아니, 언제부터 울었으면!…' 요 위에 오줌 싼 흔적이듯 널따렇게 흘린 눈물 자국을 보는 순간, 나는 그런 너를 달래주지도 못하고 바로 방문을 닫고 대문을 밀치고 도망치듯 나왔다. 그리고 문짝에 기대어 귀를 막았다. 아쉬운 여운 때문이 아니라 두려움에서였다. 나도 모르게 이른 새벽 어두운 하늘을 향해 두 손을 모았다.

"하느님! 제게 닥칠 세상의 고난과 역경 모두 다 감수하고, 제게 맡겨진 학생들 제 자식처럼 생각하고 가르치겠습니다. 생소한 곳에 내려놓은 아들, 그의 아픔의 눈물 자국을 당신의 사랑으로 마르게 하시고, 나의 아픈 눈물이 당신과의 진정한 약속의 증거임을 기억하소서!"

그날 이후 1년 넘게 나는 풍토병과 그리움으로 우울증에 많이 시달렸다. 어느 날 퇴근길이었다. 실의에 빠져 힘없이 발길을 옮기고 있는데 갑자기 온몸으로 쏟아져 내리는 황금빛에 머리를 들었다. 애절하리만치 눈부시게 타고 있는 은행나무 가지 사이로 들리는 "엄마! 보고 싶어. 빨리 와" 하는 너의 쟁쟁한 목소리에 정신이 번쩍 들었다. 그날 너의 환청이 모두를 포기하려 했던 엄마를 제자리로 돌아오게 하였다. 그렇게 담금질하던 세월도 덧없이 흘러갔다.

또한, 네가 고등학교에 입학하던 해 나는 교장승진 발령을 받고 또 다른 새 임지(任地)로 떠나야 했다. 며칠 아이들과 묵고 떠나려는 나에게,

“엄마, 부탁이에요. 인제 그만 헤어져 살아요! 엄마가 해주는 밥 먹으며 대학 준비하게 해주세요. 도와주세요. 엄마!” 그러는 네 앞에 나는 불쑥 한다는 말이,

“네 인생은 네 인생이고, 엄마 인생은 엄마 인생이야.” 혼자 살아갈 수 있는 용기를 주기 위해 마음에도 없는 말을 냉정하게 내뱉고 임지로 왔다. 이제 와 돌이켜보니 자라는 너에게 상처가 되는 줄도 모르고 몇 번씩이나 세상의 늪으로 밀어 넣은 격이 되고 말았구나. 엄마로서 어렵고 힘든 시기에 한 번도 네 곁에서 보살펴 주지 못했다. 의지할 버팀목이 되어주지 못한 그 죄책감을 늘 느끼고 살았다. 너와 나 모자간의 아픈 기억들을 어떻게 말로 다 표현할 수 있겠니.

이제까지 살아오며 내가 너를 위해 흘린 눈물이 표주박으로 하나라면 그날 밤 네가 흘린 눈물은 아마 바가지에 이를 것이다. 세상에 오면서 가지고 온 양기 다 쏟아냈지 싶구나. 그 순간은 내게 가장 슬픈 시간으로 기억되어 있다.

움츠린 개구리 멀리 뛴다고 움츠리고 있던 시간만큼이나 너는 멀리 떠났다. 비행기로 12시간이 걸리는 곳, 8시간의 시차가 나는 곳, 이제 떠나간 지 어느덧 4년. 떠날 때 ‘용기’ 잃지 말고 살아가라는 말을 잊지는 않았는지! 어릴 적 가졌던 그 인내심이면 무엇인들 못 해내겠니? 너는 나에게 금지옥엽 세상에 둘도 없는 아들이다.

준아, 이제라도 용서해주겠니? 네 가슴속 깊이 자리 잡고 있는 매정한 엄마를… 평생 너를 떼어놓고 내 갈 길만을 고집하며 살았다. 너는 어미 걱정하지 말고 네 갈 길 미련 없이 가거라. 엄마처럼 아파하지 말고. 이미 이발지시(已發支矢)[8] 된 네 갈 길에서 뒤돌아보지 마라. 누이 셋을 두고 낳은 소중한 아들이다. 더 강하게 자립심을 키우려 했던 엄마의 욕심과 사랑의 표현이 아둔하고 모질었다.

눈을 떴다. 어둑새벽 형체를 알 수 없는 작은 새 한 마리가 빈 하늘을 가로 지르며 날아간다. 날이 밝기도 전에 어디로 날아가는지! 아직 새벽 공기가 추운데… 크게 손짓하며 떠나던 너의 모습이 눈에 선하다. 너는 거기서 잘 있는지….

---

8) 이미 시위를 떠난 화살이란 뜻

250원짜리 행복

삼척에서 남편과 함께 근무할 때다. 주말이면 아이들 때문에 같이 서울로 오르내리다 시간과 재정이 여의치 않아 2주에 한 번씩만 다니기로 했다. 가지 못하는 주말에 아이들을 생각하고 있으면 마음이 편치 못해 안절부절못했다.

어느 일요일 아침, 그날도 아이들 생각에 질식할 것 같은 답답함으로 어디론가 훌쩍 떠나고 싶었다. 큰길에 나섰더니 하얀 아크릴판에 빨간 글씨로 '고천'이라 써 붙인 버스가 앞에 와 선다. 특별한 목적지도 정하지 않고 무작정 버스에 올라 창가에 자리를 잡았다. 답답했던 마음이 조금은 열리는 듯하다. 버스는 먼지 나는 길을 달리며 마을마다 한두 사람씩 내려놓는다. 버스는 이제 남은 서너 사람만을 태우고 의자에서 떨어지지 않을 만큼 흔들어대며 덜컹거리고 달린다. 그에게는 한마디 말도 없이 훌쩍 나온 것이 마음에 걸렸다.

살아오는 동안 삶의 고통이 없으면 사는 의미도 없다고 억지를 부리며 스스로를 위로해 왔다. 그런데 얼마만큼의 고통을 더 느껴야 진정한 삶의 가치를 깨달을 수 있을까? 이런저런 생각을 하는 사이에 버스는 어느새 나지막한 야산 길을 서서히 오르고 있다.

6월의 싱그러움이 조금 열려있는 차창 사이를 비집고 들어온다. 창을 활짝 밀어놓고 밖의 공기를 한껏 들이마신다. 상큼하게 내 얼굴을 스치고 가슴에 와 시원하게 안기는 바람. 아련히 들려오는 뻐꾸기 소리가 내 마음같이 애절하다. 어렸을 적 고향에서 듣던 뻐꾸기 소리다. 이름 모를 산새가 '건지골 고개고, 건지골 고개고' 하며, 황금빛으로 익어가는 보리밭 위에서 보릿고개를 재촉하듯 창공을 부산하게 날며 우짖는다. 군데군데 함초롬히 피어있는 찔레꽃 덤불들이 눈길을 끈다. 소박한 웃음을 지으면서도 슬퍼 보인다. 어린 시절 고향 밭둑에서 보았던 고향꽃이다.

허리끈을 졸라맨 가녀린 어머니가 보리밭 머리로 걸어오신다. 꼭꼭 조여 있던 마음이 뭉클하고 풀어진다. 왜 이렇게 가슴이 뛸까? 오늘따라 더 보고 싶은 어머니. 내가 힘겨워할 때마다 귓전에 나직이 들리던 어머니의 목소리.

세상 모든 것을 다 곰삭게 하는 따뜻한 음성이다.

"태희야…."

"다시는 공연한 속 태우지 않고 살아갈게요. 어머니."

꿈 많았던 어린 시절 속에 잠겨 있을 때다. 양지바른 비탈밭에 따가운 볕을 받으며 마늘종을 뽑는 젊은 아낙네가 보인다. 땀으로 범벅되어 일하는 모습이 측은하다. 등에 갓난아기의 젖혀진 고개가 조롱박처럼 매달려 하늘을 보며 구릿빛으로 익어간다. 너무 뜨겁게 보여 순간 심장이 멎는 듯하다. 그것만이 아니다. 밭 옆에 있는 울퉁불퉁한 바위 위에 볕은 내리쬐는데, 솔개그늘도 깔개도 없이 여린 얼굴을 바위에 대고 너부러져 잠든 어린아이도 보인다. 내 가슴이 회오리바람에 불길 오르듯 훅훅 타오른다. 풀벌레와 개미들이 기어올라 물어대고 들 파리들이 얼굴에 들러붙어 성가시게 하는 것이 눈에 선하다. 한순간 그 아이가 바위에서 굴러 풀숲으로 떨어지는 상상을 한다. 모두가 찌든 가난의 모습이다. 낙숫물처럼 뚝뚝 떨어지는 가난. 나의 삶이 힘들어서 여기까지 왔는데, 나의 아픔은 저들에 비하면 빙산의 일각에 지나지 않는다. 호강에 겨운 착각과 투정이었다.

그래도 엄마 등에 매달려 불편한 잠을 자고 있던, 바위에 누워 따가운 햇볕을 받으며 고통스러운 잠을 자던, 혹시 꿈속에서 나마 마징가 제트를 타고 우주를 날아다니는 꿈을 꾸고 있을지도 모를 일이다.

어쨌든 저 아이들은 잠에서 깨어나 눈을 뜨면 세상에서 제일 좋아하는 엄마를 볼 수 있다는 것이 큰 행복이지 않을까! 그을린 검은 살갗을 서로 비비며 눈길이 머물고 숨결이 닿을 수 있는 엄마 품속에서 있지 않은가.

상상 속의 아낙네에게 행복하냐고 물어본다. 그 아낙네는 희망이 있다고 한다. 살아가는데 불만이 있느냐?고 또 물었다. 꿈이 있다고 한다. 어쩔 수 없이 살아가는 것이 아니냐고 물어보려는데 운전기사가 말했다.

"고천, 종점 다 왔습니다. 손님 내리세요."

엉겁결에 대답했다.

"네, 되돌아가렵니다. 왕복 차비 얼마인가요?"

"250원입니다."

기사는 이상한 여자로 보였는지 흘끔 쳐다보며 차비를 받는다. 그리고 백미러로 나를 다시 살펴보는 눈치다. 근처에는 집도 없는데 내린 사람들은 어느새 보이지 않고 차를 타는 사람도 없다.

돌아오는 길. 산새들은 더 요란하게 울어대고, 아낙네는 아직도 열심히 사래 긴 이랑을 따라가고 있었다. 나보다 더 힘겹게 살아가지만 하나하나 마늘종을 찾아가며 뽑아 올리는 모습이 희망차 보인다. 행복은 생각하기 나름이라는 것을 일깨워 준 그녀에게 감사한다. 누가 '인생살이는 강을 건너는 것'이라 했지. 나도 마흔여섯, 인생살이의 강을 '250원짜리' 버스를 타고 이렇게 건넜다.

마늘종을 뽑아 올리듯, 나도 마음에서 행복을 잔뜩 뽑아 안고 집으로 들어간다.

"여보! '고천' 갔다 왔어요!"

안도의 숨을 내쉬며 반기는 그의 얼굴을 보며 나는 활짝 웃었다.

형동이

- 스물여섯 개의 촛불 -

지난밤에 메밀꽃 눈부시게 핀 언덕으로 홀연히 사라지는 형동이를 소리쳐 부르다 잠에서 깨어났다. 이미 오래전에 내 곁을 떠난 아이. 아직도 너는 떠나지 않고 내 주위에서 맴돌고 있구나!

형동이를 처음 만난 곳은 삼척시 서부 초등학교 2학년 교실이다. 담임이었던 나는 아이들이 소풍에 빠질 것을 염려하여 꼬맹이들과 새끼손가락을 걸어 약속했다. 그런데 형동이는 오지 않았다.

다음날 학교에 나온 형동이의 바지를 걷어 올려보고서야 빠질 수밖에 없었다는 것을 알게 되었다. 상처는 없는데 장딴지가 탱탱하게 부어터질 것 같았다.

"이렇게 아프면 빨리 병원에 갔어야지!"

"서울대학병원에서도 못 고친다고 집에 가 그냥 있으래요."

그제야 참고 있었던 눈물을 쏟으며 서럽게 흐느꼈다. 주체할 수 없이 교실 바닥으로 뚝뚝 떨어지는 형동이의 눈물을 닦아주며 나도 형동이를 따라 속울음을 울었다.

다음날 형동이의 어머니를 만나 자세한 이야기를 들었다. 육남매 중 큰아들, 셋째아들, 막내인 형동이까지 삼 형제가 모두 같은 병이라고 했다. 누워 지내는 큰아들이 미국의 여러 병원과 서신 연락으로 알아본 결과, 그들의 병은 희귀한데다가 환자 수가 적고 연구팀이 없어서 원인은 물론 병명조차 알 수 없다는 것이었다.

발병하는 단계는 정상으로 자라던 세포가 일곱 살 정도에서 머무르고 근육질이 종아리로 몰려 살 속에서 뼈만 자라게 되어 수명의 한계는 26세. 사고 능력은 정상으로 자란다고 했다. 큰형의 나이 스무 살이 되지만 꼼짝 못 하고 누워서 대소변을 받아내야 한다고 한탄을 하는 어머니의 처지가 안쓰럽고 안타까웠다. 다음날 가정방문을 했으나 따로 도울 길이 없어 무거운 마음으로 돌아서야 했다.

학교 뒷산으로 야외수업을 가던 날. 형동이는 내 등에 업혀 아픈 것도 잊고 신이 나서 조잘거렸다. 옆으로 지나가는 아이들이 장난스럽게 형동이의 발을 툭툭 치며 지나갔다. 그럴 때마다 나의 목덜미를 힘껏 잡으며 "난 선생님이 하늘만큼 좋아요!" 그 소리에 나는 형동이의 볼기를 간질였었더니 언제 아팠더냐 싶게 까르르 웃었다. 천진한 이 아이에게 기적을 달라고 나도 모르게 기도가 나왔다. 나에게서 힘든 기미가 느껴졌는지 내 목덜미에 흐르는 땀을 손으로 닦으며 죄스러운 듯 묻는다.

"선생님 힘들지 예?"

다음해 봄 나는 발령을 받고 대관령을 넘어 H라는 학교로 가게 되었다. 문득문득 형동이가 생각이 날 때마다 전화를 걸었다.

"좀 어떠니?"

"그저 그래요."

"학교는 다니고 있지?"

"학교는 못 나가고 그냥 집에 있어요."

똑같은 물음에 똑같은 대답을 주고받으며 헤아릴 수 없이 많은 날이 지나갔다. 그러던 몇 년 후 어느 가을이다.

"선생님! 큰형이 갔어요."

어린 것이 본의 아니게 형이 가는 길을 지켜보았으니 애처로워 참을 수가 없었다. 일요일 아침 분주하게 준비를 하여 첫차를 탔다. 죽음의 공포에서 언젠가는 자기도 형처럼 될 거라는 엄청난 충격을 받았을 텐데…. 현실을 감내하기에는 너무도 어린 나이다. 짧은 순간만이라도 형동이를 위로 해주고 싶었다.

오후가 되어서야 삼척에 도착했다. 행상 다니는 어머니가 안 계시는 집은 언제나 빈집 느낌이다. 형동이가 있는 방문을 조심스럽게 노크하고 들어섰다. 옛날 가정방문했을 때의 큰형을 닮은 작은 모습으로 누워있다.

준비해간 케이크에 열다섯 개 촛불을 밝혔다. 촛불에 비친 형동이의 얼굴은 꼭 예쁜 계집아이처럼 야리야리하게 생겼다. 눈웃음을 치는 티 없는 맑은 눈동자는 애기사슴 같다. 먼 길을 찾아간 나를 위해 환하게 웃었다.

"선생님! 오늘이 제 생일이에요."

"그러니? 정말 우연이네. 연락도 없이 왔는데…."

"선생님, 제게 이런 날은 처음이에요. 오늘 새로 태어난 기분이어요."

나의 뜻밖의 방문에 당황한 기색이기는 했지만, 그동안 병마와 싸우면서 많이 철이 들어 보였다. 형동이의 애처로운 모습에 가슴이 아팠다.

노을 지는 대관령을 넘어오며 사위어져 가는 형동이의 모습을 그려보았다. 눈물을 숨기느라 다급하게 돌아서며 헤어졌는데, 힘껏 안아주지 못한 것이 후회로 남았다. 돌아오는 길에 한국역사가 궁금하다고 하기에 몇 권의 책과 티셔츠 서너 벌을 보내주었다.

그렇게 헤어져 또 여러 해가 지나가도록 전화로만 연락을 자주 주고받았다. 때로는 형동이가 읽은 책에 관하여 이야기를 주고받기도 했는데 하루는 전화를 받지 않았다. 이상한 예감이 들어 다음 날 서둘러 형동이가 있는 삼척으로 향했다. 여전히 빈집 같은 집에 문을 열고 들어서니 형동이는 이전의 옛 모습이 아니었다. 아무 말도 없이. 맑고 총명했던 눈빛도 잃은 채 눈길을 바로 건네주지 못한다. 그래도 나를 보자 눈물이 흥건히 고였다가 귀 쪽으로 주르르 흘러내린다. 피보다 더 진한 눈물을 보았다. 속이 녹다 못해 타들어온다. '눈물을 닦아줄 수 있는 너와 나의 아픈 인연을 단 한 번도 후회해본 적이 없다. 비록 너는 나보다 앞서가지만 너는 나와 20년 가까운 세월 동안 전화를 주고받으며 지냈다. 너는 나의 으뜸 제자다.' 마주 잡은 손에 눈물지을 것 같아 고개를 뒤쪽으로 돌리고 입술만 깨물었다.

스물여섯 개의 촛불을 켰을 땐 형동이는 누워서 그 촛불을 바라보기조차 힘겨워했다. 지난날 제 생일이라고 환하게 웃던 모습이 불빛에 아른거렸다. 떨리는 듯 형동이의 입술이 움직인다. 내 귀를 형동이의 입 쪽으로 가까이 가져다 대었다.

"선생님, 제가 선생님 업어드려야 하는데. 선생님이 좋아하시는 애호박 넣은 칼국수도 해드려야 하는데."

힘겨운 그 말이 가슴에 박혔다. 초등학교 2학년 수업시간에 아이들에게 밀가루 음식을 잘 먹게 하기 위해 내가 좋아하는 음식이 칼국수라 했는데… 그때 한 말을 기억하고 있었나 보다.

나는 대답 대신 고개만 끄덕였다. '이미 떠날 준비를 하고 있구나!' 바들바들 떨고 있는 형동이의 촛불 스물여섯 개를 내 입김으로 하나하나 지웠다.

생로병사의 순리를 거슬러 어린 나이에 힘겹게 사투하고 있는 형동이의 곁을 지켜주지 못하고 애석하게 떠나왔다. 캄캄한 밤 달리는 버스의 유리창 밖에 시선을 고정하고 달맞이꽃보다 더 부드럽던 형동이의 손의 촉감을 느끼며 눈을 감았다.

삼일 뒤 형동이 어머니한테서 전화가 왔다.

"형동이 선생님, 형동이 스물여섯을 채우고 제 형들 따라갔어요."

"……."

"떠나면서 마지막 선생님을 부르더군요."

'갔단다. 기어이 갔단다. 아니, 놓치고 말았다.'

전화를 끊고 나는 예전에 형동이가 그랬듯이 책상에 엎드려 오래도록 흐느꼈다. 귓등을 때리는 형동이의 서러운 한마디.

"선생님! 이억만 있으면 내 병 고친대요!"

내가 만난 예수님

- '초대받은 당신' 소화 테레사 -

초등학교 4학년 때 담임선생님을 따라 교회에 나갔지만 오래 가지 못했다. 그러나 그때 이미 하느님은 암시적으로 내 안에 들어와 계셨던 것 같다.

30대 후반까지 감기만 오면 편도선이 부어 물도 넘길 수 없는 고통을 겪었다. 그날도 두 곳이나 병원을 다녀왔지만, 계속되는 목의 통증 때문에 잠을 이루지 못하고 밤을 지새웠다. 새벽녘까지 목을 잡고 끙끙대며 제대로 눕지도 못하고 엎드려 있었다.

우리 집 안방에 예수님이 나타나 가까이 다가오신다. '이렇게 보잘것없는 내게 오시다니!' 하며 송구함을 금치 못하는 순간에 예수님이 내 아픈 목에다 입을 맞추신다. '쪽' 하는 입 맞추는 소리에 소스라쳐 놀라 눈을 떴다. 꿈이었다.

하지만 그사이 쑤시던 목의 고통이 감쪽같이 사라졌다. 그날 예수님의 모습은 너무도 선명하게 남아있었다. 그 후 감기가 와도 편도선이 먼저 부어 고생하는 일은 전혀 없었다.

교직에 있을 때이다. 버스를 타고 중간에서 한 번 더 갈아타야 하는 왕복 5시간 통근길이었다. 할아버지 한 분이 급히 오기에 콩나물시루 같은 만원 버스에 자리를 양보하고 나는 차에서 내렸다. 버스는 떠났지만, 순간 집에서 기다리고 있을 식구들이 생각났다. 겨울바람은 어두운 거리를 쓸고 지나갔다. 길에서 다음 차는 30분을 기다려야 탈 수 있는 상황이다. 그러나 차를 보내고 뒤돌아보는 순간 또 한 편의 버스 불빛이 보였다. 차가 올 시간이 아닌데, 차가 도중에 고장이 나서 수리하여 지나가는 빈 버스였다. 그 버스를 태워주어 도중에 정류장을 들르지 않고 바로 종점까지 빠르게 와 퇴근 시간은 같았다.

다음 날 아침 중간에서 갈아타는 매표소에 들르니 전날 내가 양보하고 먼저 보낸 버스가 도중에 사고로 문 앞에 탄 사람이 팔을 다쳤다는 이야기를 들었다. '혹시 내가 양보한 그 할아버지가 아닌가 싶었다. 비좁게 들어가 내가 더 탔더라면 내가 다쳤을 거라고 생각이' 스쳤다.

5년 동안 출퇴근을 했어도 양보한 적은 없었다. 성당을 나가지는 않았지만 어떤 계시 같은 것을 느꼈다. '다치지 않은 팔로 흑판에 글씨를 쓰며, 아이들 더 열심히 가르치겠습니다. 하느님.' 하고 감사했다.

세월이 흘러 내가 처음 성당에 나가게 된 것은 횡성 교육청에서 인사 일을 하고 있었을 때다. 교원 노조로 인해 신경을 쓰며 한 여교사를 설득하다가 결국 상부 지시로 사표를 수리해야 했다. 그 일은 내게 큰 고뇌였다. 그녀가 가야 할 삶의 목표를 가로막은 나 자신을 용서할 수가 없었다. 참기 힘들어 그날 밤, 한 번도 가보지 않은 성당 안으로 들어가 옛날 꿈에 보았던 예수님을 향해 간절히 빌었다.

'그녀에게 식구들과 먹고 살아갈 길을 마련해 주십시오.'

그리고는 그곳에 오래도록 엎드려 있었다.

그런 일이 있고 난 뒤 마음의 고통에서 벗어나기 위해 성당 나가기를 결심하고 교리 공부를 시작했다. 금요일 밤 미사가 끝나면 사제관에 들어가 1시간씩 '구니 베르토' 신부님께 단독으로 교리책 『초대받은 당신』으로 공부를 했다. 그 기간 중 신부님께서 외국으로 성지 순례를 다녀오시며, 올리브 나무에다 거세마니 동산에서 채취한 팥알만 한 돌이 박힌 고상과 소화 테레사 소품이 달린 묵주를 선물로 갖다 주셨다. 그해 1990년 크리스마스에 세례를 받고 소화 테레사라는 세례명이 주어졌다. 고백소에 들어가 한 나의 첫 고백은 흐느끼는 눈물뿐이었다. 그러면서 신부님과 이어진 인연은 24년. 여섯 번의 만남 속에서 나의 신앙이 약해진다고 느껴질 때마다 내게 힘을 주신 분이다.

또한, 자식들 때문에 우울할 때가 있으면, 신부님을 찾아뵈었다. 자식 길들이기에 지혜로운 어머니들의 이야기를 들려주셨다. 그중 하나 마음속에 특히 와 닿았던 이야기는 밖에 나가 나쁜 짓만 하고 들어오는 아들을 보다 못한 어머니는 그런 일이 생길 때마다 새로 지은 집 기둥에다 대못을 박았다. 기둥이 못투성이가 되니 아들이 왜 멀쩡한 기둥에다 못을 박느냐고 물었다. 어머니는 아무런 내색도 없이, "내 가슴엔 못을 박을 수 없잖니?" 하니 아들이 그 어머니의 마음을 읽고, 그 이후로는 착한 일을 시작했다고 한다. 밖에서 좋은 일을 하고 들어올 때마다 박혔던 못을 하나하나씩 빼고 나니 못 구멍이 난 기둥이 보기 싫어 아들은 그 구멍에 보석을 구해 박았다. 기둥은 번쩍번쩍 빛을 내며 온 집안이 환해지고 보는 사람마다 부러워했다고 한다. 결국, 어머니의 지혜로운 사랑으로 보석 같은 아들을 잘 길들였다고 하는 이야기다.

세례 이후 나의 삶은 예수님께서 초대해 주신 소화 테레사로, 신부님을 통해 하느님의 사랑을 더 깊이 알게 되고 믿음을 더 다져왔다.

지난해 멀리 외국에 나가 있을 때다. 꿈에 신부님께서 주신 묵주가 내 손에서 빠져나가며 앞에 있는 벽을 후려치고 땅으로 떨어졌다. 나는 그 요란한 소리에 놀라 잠이 깼다. 예감이 심상치 않았다. 길 떠나기 전 신부님을 찾아뵈었을 때 신부님께서는 본인의 백혈병이 많이 호전되고 있다고 기뻐하시며 여행 잘 다녀오라고 하셨는데….

귀국해서 바로 전화를 드렸더니 슬픈 소식만 기다리고 있었다. 하느님이 맺어주신 이승의 인연은 하루 사이를 두고 저 높은 곳을 향해 떠나셨다.

백년손님의 그늘과 양지

21년 전 영국에서 스티븐 매튜즈(STEPHEN MATTHEWS)로부터 기대하지 않았던 편지가 왔다. 영어로 쓰인 편지, 그리고 그 편지의 번역인 듯한 글이 함께 들어 있었다.

장인 장모 되실 분께

먼저 영어로 제 소개의 글을 올리는 것에 대해 양해를 구합니다. 두 분의 첫딸 난영이의 가족에 대하여 오랜 시간 자주 생각해 보았습니다. 두 분의 기꺼운 결혼 승낙이 난영과 저에게 대단히 중요하기 때문입니다.

일단 저에 대한 소개를 드리자면, 다른 것은 몰라도 저는 남부럽지 않은 교육을 받았습니다. 영국 케임브리지 대학에서 물리학과 법학을 공부했고, 미국 하버드에서 경영학 석사학위를 받았습니다. 군 복무는 영국 장교로 비행기를 조종했습니다. 처음에는 은행가에서 일하다가 항공사와 여행업계에서 본인의 사업을 시작하여 전심전력으로 일에만 몰두하며 살아왔습니다. 성격은 사교적이라 여러 나라에 두루 친구를 두고 있습니다. 특히 여행을 좋아하며 한때는 일 관계로 스페인, 독일, 미국 등지에서 살기도 했습니다. 학생 때부터 동양미술과 문화, 동양철학에 관심을 가졌고, 스포츠는 생활에 일부라 생각하여 테니스, 스키, 골프, 요트 세일링을 즐깁니다.

저의 아버지는 우유 살균 처리법의 국제적인 특기자로 일하셨고, 과학자이셨던 어머니는 말년에 농장을 경영하시며 과학과 영농에 관계되는 글을 쓰셨습니다. 또 과학적인 요리 방법에 관한 책도 펴내셨습니다. 저는 보수적인 영국인으로 지금까지 독신으로 일만 하고 지내다가 난영이를 4년 전 런던에서 만났습니다. 두 분께서 난영이를 얼마나 사랑하고 계시는지 상상할 수 있습니다. 난영이는 좋은 교육과 올바른 가정환경에서 훌륭히 자랐습니다. 딸의 재능과 재질을 발휘할 수 있도록, 그리고 난영이의 행복을 위하여 최선을 다할 것을 약속드릴 수 있습니다. 저를 사위로 기꺼이 받아주신다면 두 분의 딸을 얼마나 아끼고 사랑하는지 알게 되실 것입니다. 그리고 가슴 뿌듯해지시리라 믿어 의심치 않습니다. 빠른 시일 안에 서울을 방문할 수 있게 되기를 고대합니다.

1993년 7월 22일

영국에서 스티븐 매튜즈 올림

원문과 번역문이 장장 8페이지나 되었던 그의 편지에도 불구하고. 자식 잘못 키웠다고 하는 보수적인 남편의 실망과 분노 때문에 나만 결혼식을 알고 지나갔다. 어미로서 첫딸의 결혼식에도 참석하지 못한 안타까움과 미안함으로 마음이 많이 아팠다. 남편은 몇 달 걸려 마음을 다스리고 난 뒤에야 사위를 맞이했다.

사위가 처음으로 한국에 오던 날이다. 하얀 모시 한복을 곱게 차려입고 마중을 나갔다. 기다리는 동안 지난날을 생각해보니 딸들에게는 멋진 왕자가 나타나 데려가기를 꿈꾸며 키웠다. 그런 생각으로 키워선지, 뜻밖에 영국신사가 멀고 먼 나라로 딸을 데려갔다.

장인 장모에게 결혼 선물로 가지고 온 것은 전통적인 영국의 농경사회를 표상하는 200년이 넘은 조상으로부터 물려받았다는 길이 10㎝되는 작은 대패와 아기 주먹만 한 귀한 운석이었다.

집에서 머무는 동안 대화로는 잘 통할 수 없었지만, 딸아이가 중간 역할을 잘해서 그런대로 넘어갔다. 애쓰는 사위 이상으로 남편도 지난날과는 달리 귀하게 대접을 했다.

나는 사위에게 부탁하는 말을 편지로 썼다. 살아가며 딸에게 감동의 눈물을 흘릴 수 있도록 하는 것은 좋지만, 가슴앓이의 눈물은 흘리지 않게 해달라는 부탁이었다.

다음 해 딸이 한국에 혼자 나오던 날이었다. 공항에서 집으로 오는 길에 딸이 하는 말.

“엄마 글쎄 있잖아, 스티븐이 중요한 곳에 갈 일이 있다며 멋진 양복을 골라달라기에 골라주었더니 그것을 입고 공항에 나를 배웅하러 나왔어.” 그리고 덧붙였다.

“이렇게 멋진 나의 모습을 눈에 담고 가면, 보고 싶어 빨리 돌아와 주겠지!” 하더란다.

‘역시 영국 신사이구나!’

처음으로 딸네 집에 갔을 때다. 40여 일 머무는 동안의 사위가 나를 위해 짜놓은 계획은 확실했다. 특히 그네들의 크리스마스는 다채로웠다. 화려한 크리스마스트리 밑에 각자 마련한 선물꾸러미를 쌓아놓았다가 크리스마스 아침 모두 둘러앉아 선물을 주고받았다. 선물을 풀어 자랑도 하고 샴페인을 마시며 게임도 즐겼다. 그리고 오후에는 근사한 크리스마스 저녁 식사를 준비했다. 딸은 그들의 농장에서 가지고 온 양고기를 재웠고 사위는 그것을 5시간 동안 오븐에 구웠다. 우리 모두 색색의 종이왕관을 머리에 쓰고 촛불을 켜놓은 아름답게 차려진 식탁에 앉았다. 이탈리아에서 놀러온 셋째 딸 내외, 런던에서 공부하고 있던 둘째 딸과 아들도 함께했다. 사위는 함께하지 못한 한국에 있는 장인이 생각나는지 장인을 위하여 건배를 올리기도 했다. 사위는 끊임없이 와인을 부어대었고 우리들의 웃음소리는 집안을 따뜻하게 채워나갔다. 난생처음으로 멋지게 보낸 크리스마스였다.

사위는 하루 건너 새로운 것들을 경험하게 해주었다. 그중 뚜렷하게 기억에 남은 것은 눈이 모자라게 넓은 시골 농장이다. 들판 한구석에 큰 나무 한 그루가 우뚝 서 있었다. 그곳은 사위가 어머님을 수목장한 장소란다. 이렇게 사부인을 처음 대하니 가슴이 짠했다. 수목장, 그때는 낯설게 느꼈지만, 지금은 아주 좋은 방법이라 생각한다.

결혼 몇 년 후 사위는 부부여행에 그 당시 유학중이던 둘째와 셋째를 초대해 오스트리아에서 지낸 십여 일 동안의 생활 일기를 써서 보내왔다.

'밖에 나가 산책을 했어요. 별이 보이는 하늘이 참 좋았어요. 오늘은 여기에서 마지막 날, 내일 영국으로 돌아가야 해요. 온종일 열정적으로 스키를 탔어요. 우리는 한국에서 아주 멀리 살지만 끊임없이 한국을 생각하고 있어요. 한국말 많이 공부해서 이야기하며 살아요.'

사위도 나처럼 답답한 마음을 느꼈나 보다.

딸아이가 런던 대학에서 박사 학위를 받게 되기까지 사위의 도움이 컸다. 부모의 모자람을 대신 채워줌에 부끄러운 마음. 더욱 그랬던 것은 그곳에 가 공부하는 처제와 처남까지 물심양면으로 돌보아주었던 점이다. 또한, 장인 퇴직 선물로 보내준 자동차며, 시간이 많이 흐르자 낡은 차라고 또 내게 사준 승용차며, 모두가 내게는 분에 넘치는 마음의 빚이다. 몇 년 전 어느 해 겨울에는 태국에다 독채를 마련하여 이탈리아에 사는 딸의 식구들까지 모두 그곳으로 초대해서 한 달 동안 즐거운 추억을 만들어 주었다. 결혼 20여 년인 지금도 여전히 딸에게 신선한 행복을 주고, 내 삶의 부족한 부분을 채워주는 사위다.

"고맙네!" 이제 몇 번이나 오겠는가! 마음으로만 그리는 스티븐 매튜즈. 사위는 영원한 나의 백년손님이라지만 내 마음에는 하늘이 딸에게 또한, 나에게 내려주신 왕자 같은 귀한 손님이다.

4부

헤이라: 가족

뒷산이 아름다운 집

'뒷산이 아름다운 집'은 지금 내가 사는 집의 이름이다.

말년에 그림 같은 예쁜 집을 짓고 한곳에 정착해 사는 것이 오랜 바람이었다. 뻐꾸기 산울림으로 가슴 벅차오르던 날, 남쪽을 향한 배산임수 집터에 무릎을 꿇고 두 손을 모았다. 한 삽의 흙이 아닌 거대한 굴착기로 지층을 흔들었다.

그 몇 달 전 어느 날 밤 10시에 전화벨이 울렸다. 김성용 사장(주식회사 북설악 대표, 용대리 황태 산업 선도자)이다. 빨리 올라오란다. 이 밤중에 무슨 일일까? 급히 약속한 장소에 이르니 환한 달빛 아래 사방이 교교하고 앞산 머리에 머문 달은 싱긋이 웃으며 내려다보는 듯했다. 뒷산은 마치 하늘에다 용머리를 그려

놓은 한 폭의 그림 같았고 산과 산 사이로 보이는 하늘에는 별들이 초롱초롱 빛났다. 북에서 남쪽으로 트인 길. 그 길 아래 북천강 상류에서 내려오는 여울 물소리가 맑고 은은하게 들렸다. 퇴직을 앞두고 집터가 될 만한 곳을 여러 군데 찾아다녔지만 마땅치 않았는데….

"어때?" 하고 옆에 있던 남편이 묻기에 깊은 생각 없이

"글쎄! 괜찮은 것 같은데…."

그 말에 김 사장이 계약금을 우리 대신 내어놓아 한밤중에 꿈같이 집터 계약을 이루었다.

집 짓는 것을 맡은 분은 먼 곳에 있는 홍천 사람 '가성주택' 대표 김재만 씨였다. 혹시라도 집 짓는데 힘에 부칠까 하여 나는 간간이 간식을 준비하여 정성을 다했다. 뙤약볕을 이고 하루를 동동거리다 잠자리에 들면 발바닥이 쑤시고 아팠지만 아침이면 멀쩡했다.

1층 48평, 2층 25평, 다락방 8평, 지하실. 외벽은 수입돌인 인도산 '크림마블' 상아색으로 2층까지 올리고 나니 우아하면서도 제법 운치가 있어 보였다. 건물 외벽 옆으로 22계단 오르면 바로 2층 살림집과 정원으로 이어지게 하고 아래층의 넓은 공간은 카페로 설계했다.

첫날부터 174일의 집 짓는 추진 과정을 사진 기록하는 스크랩북을 만들어가며 마침내 우리 부부의 최종 부임지가 된 '뒷산

이 아름다운 집'을 이루어 냈다.

집이 완성되자 시인 이영숙 씨가 서울에서 내려와 집들이를 함께했다. 팥 두 말과 찹쌀 한 말로 팥죽을 쑤었는데, 그 맛이 일품이었다. 그날 나는 그 시인에게 '팥죽 시인'이라는 애칭을 달아 주기도 했다. 공들인 보람이 있어 그런지 많은 길손들이 내 집 앞에 서성이다 고개를 돌려 눈에 담는 듯했다.

집의 이름은 '뒷산이 아름다운 집'이라 짓고 방마다 창문에 이름을 지어 주었다. 첫 밤은 바라지창이 있는 다락방에서 보내기로 했다. 다락방은 특별하게 설계해서 주인이 열어주지 않으면 들어갈 수가 없다. 평상시는 천장으로 보이지만 천장에 달린 문고리를 내리면 사다리가 내려와 오르내리게 돼 있다. 서재로 만든 이 방은 나만의 공간이라 더 정성을 들였다. 두 벽은 책장으로, 다른 두 벽은 창으로 되어있어 아늑하다. 바닥이 온돌이니 따뜻해서 좋은 데다 멀리 밖에 풍경을 바라볼 수 있어 더더욱 좋다. 불을 끄고 잠자리에 드니 몸은 마치 별나라에 든 듯하고 앞 냇가에 흐르는 은은한 물소리가 들리니 금상첨화다.

두 번째 날 밤은 달 창인 안방이다. 잠결에 눈이 뜨여졌다. 방안이 달빛으로 훤하다. 자식들은 다들 내 곁을 떠나있는데 한밤중 고요 속에 소리 없이 찾아든 푸른 달빛은 내가 느끼는 그리움처럼 방을 꽉 채우고 있었다. 또한, 거실 별창은 작은 하늘나라 같다. 넓은 유리창 밖 멀리에는 유년의 마실 길에서 본

밤하늘이 그대로 와 있다. 반달 창이 있는 작은 방엔 손님 다녀가듯 초승달이 가끔 빠끔히 들여다보곤 했다.

시간의 여유가 생겨 정원으로 나서면 높지도 낮지도 않은 산마루로 먼저 눈길이 간다. 큰 바위들이 모여 용의 머리처럼 보인다 하여 '용바위'라 한다. 그 거대한 용머리는 때로는 흰 구름자락을 이고 있기도 하고, 때로는 떠가는 구름 속에 휘말려 승천하듯 하여 나를 황홀케 하는 날도 있었다.

어느 날 진부령 쪽에서 내려오다 산을 바라다보니 마치 어머니가 아기를 안고 수유하는 모습으로 보이기도 했다. 이런 대자연 풍광명미의 정기가 아주 작은 내 정원으로 이어져 내려 하나가 되니 나만이 누릴 수 있는 특혜인가 싶기도 하다.

그뿐이랴, 하늘 내린 이 청정지역엔 철 따라 뒷산 뻐꾸기가 울고 나면 매미가 울고 매미가 울고 나면 고추잠자리 살포시 띄운 날개 위로 귀뚜라미와 여치를 불러들여 가을밤을 노래한다. 뒤뜰 숲에 소소한 풀잎을 잡고 흔드는 바람, 앞 여울물 소리 묻어오는 바람결에 여름이 시름시름 누워버리면 산과 산은 곧 핏빛으로 가을을 토해놓고, 내 담홍빛 가슴의 서러운 그리움은 낙엽에 싸여 떠난다. 앙상한 나뭇가지가 내 가슴뼈만큼이나 여위어가면 어느새 눈 내린 마을은 옥양목 치마폭 같은 눈 위로 찾아드는 까마귀, 까치, 참새들의 낙원이 된다. 밤이면 멀리서 들리는 부엉이와 딱따구리 울음 속에 그 옛날 가래떡 구워

주시던 어머니의 모습이 실려 온다.

요즈음은 집 앞 큰길 건너 100m 높이의 '매바위' 입에서 쏟아지는 인공 폭포가 지나는 사람들의 발길을 잡는다. 폭포의 영혼인가 물보라가 일며 허공의 바람이 그림을 그리면 그 폭포의 변신하는 몸짓은 장엄하기까지 하여 여행객들은 그 모습을 핸드폰에 담기 바쁘다.

침묵하는 바위산 그 산을 닮아가며 그동안 자연과 더불어 살았다. 집짓던 그해 뜨겁게 달궜던 그 날들이 엊그제 같은데 벌써 16년의 세월이 흘렀다. 어느새 눈 깜짝할 사이 세월이 갔네. 거대한 자연 정원의 품에 안겨 '뒷산이 아름다운 집'에서 날마다 그리움을 안고 산다. 마음 같아선 한 천년 살아도 좋으련만….

그린월드의 여름

태국에 있는 골프리조트 '그린 월드(Green World)'의 여름은 시간의 여유가 있는 시니어들이 겨울 동안 부족한 에너지 보충을 위하여 잠시 머물다 떠나는 에너지 충전소 같은 곳이다. 풍부한 햇살과 맑은 공기로 가득한 아름다운 지역이다.

형형색색 낯설게 피어나는 꽃들을 바라보는 일, 따~악 외마디 여운 속에 포물선을 그리며 날아가는 작고 동그란 골프공. 마음대로 안 되는 미지의 홀컵을 찾아가는 일. 그 작은 공이 끈질기게 잡아당기는 힘 그것이 매력이기도 하다. 네다섯 시간 잔디를 누비며, 삶에 찌든 마음의 때를 빨아내어 훌훌 털어버리는 시간이 좋았다.

지지난해까지만 해도 눈이 내리는 날에는 마치 내가 하늘을 다 차지하고 사는 것 같은 오붓함을 느꼈다. 그렇게 눈이 좋아 눈이 많이 내리는 '용대리'를 둥지로 택한 지 벌써 14년이 지났다. 눈 복 있는 여자라고 친구들로부터 부러움도 많이 받으며 지냈는데 살다 보니 눈 치우는 것이 보통 일이 아니다. 함박눈 속에서 쌓인 눈을 치우다 뒤돌아보면 어느새 또 그만치 내려 내 발자국을 흔적도 없이 지워버린다. 온종일 눈과 씨름하다 보면, 내리는 눈을 오지 말라고 할 수도 없고 막을 길 또한 없다. 치울 길이 막연해 토끼 길을 만들며 우두커니 서 있다가 슬그머니 눈을 피해 집안으로 들어오기가 일쑤였다.

지난겨울엔 첫눈부터 1m가 넘게 내렸다. 눈 위를 휩쓸고 지나가는 냉혹한 바람은 더 무서웠다. 늙어가는 세월에 쇠약해지는 노년의 몸에는 약이 없다더니, 예고 없이 찾아오는 몸살감기며 자주 저리고 욱신거리는 팔다리에 이제는 겨울 오는 것이 무섭기까지 했다. 겨울 없는 따뜻한 나라가 그리웠다.

추운 겨울만 되면 유독 심해지는 남편의 가래 끓는 소리도 만만치 않았다.

이보미 프로의 은사인 프로 이순국 씨가 골프 꿈나무들과 같이 태국으로 현지 훈련을 떠난다기에 우리도 그들과 함께 여름을 찾아가는 밤 비행에 올랐다. 한국보다 2시간이 늦어지는 그곳의 시차 때문에 앞에 놓인 여정의 밤은 꽤 길었다. 방콕에 도착해서 다시 버스로 옮겨 타고, 무려 4시간 동안 산으로 올라 다음날 새벽 6시경에 현지에 도착했다.

태국 북서쪽, 풍광이 좋은 데다 조경이 잘 되어있는 깐짜나부리 싸이 욕 국립공원 안이다. 해발 1,000m 위치한 고원 산악지대라 마을도 없는 깊은 산 속에 5층의 웅장한 건물 한 채가 비행기에서 내려다보는 듯 골프장을 환하게 내려다보고 앉아 있다. 그 주위를 콰이강이 휘감고 내려간다.

그곳의 날씨는 우리나라의 가을처럼 상큼하다. 외지와는 단절되다시피 한 지역이라 심신의 휴양지로 적격이다. 골프와 온천을 즐길 수 있는 곳으로 머물다 떠나고, 또 찾아들고…. 외국인관광객은 가끔 보이고, 거의 모두가 한국말을 하는 사람들뿐이다.

하루가 지나면 달력에다 빗금을 그었고 또 곶감 빼 먹듯 새날을 맞이하면서 내게 주어진 시간을 소중하게 보냈다. 매일 새벽 6시가 되면 학생들과 어울려서 새벽길을 뛰어 기초 체력을 다졌다. 드넓은 분지 우거진 숲 속에서 수백 종의 열대 수목들이 풍겨내는 짙은 꽃향기가 우리나라 산골 마을 밤꽃 냄새를 생각나게 했다. 어둑한 산책길을 20여 분 뛰어 땀으로 흠뻑 젖은 몸으로 돌아오다 보면 어렴풋이 새벽이 밝아온다.

먼동이 터오는 하늘에는 마치 휘어진 돗바늘같이 생긴 실달이 매혹적이다. 떠도는 구름자락을 실달이 들락거리며 듬성듬성 바느질하듯 꿰매고 있다. 신선했다. 호텔로 들어와 온천수로 몸을 씻으니 마음도 덩달아 시원스레 씻어졌다.

여자가 평생 지고 사는 집안 살림들, 신경 쓰이고 언짢은 것들은 이미 모두 비행하는 밤하늘에 팽개치듯 다 벗어 던졌다. 한국식 뷔페로 입에 맞는 음식을 골라 먹고, 잠든 아기처럼 편안하게 호텔 잠을 자고 풀밭에 나가 오직 하나, 홀컵에 넣어야 할 공 때리는 일이 하루 일과의 전부였다. 살다 보니 내게도 이런 날이 있다니!

하지만 그런 와중에도 삶의 긴장감은 도사리고 있었다. 첫 홀의 시작은 폭이 100m가 넘는 검푸른 '콰이강' 건너편 언덕 그린 위에 공을 올려놓아야 했다.

강 건너로 날리는 공을 강물은 중간에서 자석처럼 잡아당겨 먹어치우고 능청맞게 유유히 흘러만 간다. 많은 사람들이 공을 쳐 놓고 말없이 다리를 건너갔다. 하지만 긴장감 뒤에 바로 이어지는 스릴. 단 한 번의 실수가 있었을 뿐, 훈련 받은 포지션으로 멋지게 나는 해냈다. 첫 홀에 섰을 때 그 빽빽한 긴장감. 그리고 따르는 박수 소리.

낯선 나라에서 매일 18홀씩 30여 일을 그렇게 지냈다. 겨우내 붙어 다니던 감기도, 어깨 결림도 봄눈 녹듯 사라지고, 내 평생 처음으로 여유로움의 시간을 마음껏 누렸다. 내 삶에 모처럼 주어진 30일간의 나들이는 세상 걱정 모르고 무릎에 안겨 엄마 얼굴만 쳐다보는 아가처럼 지냈다. 그리고 젊어진 몸과 마음을 가지고 돌아왔다.

샤워기에서 콸콸 쏟아지던 욕실의 온천수. 아침저녁 때맞추어 요란스럽게 울어대다 일시에 뚝 끊어지는 신비한 새들의 합창 소리 띄엄띄엄 숨어 우는 휘파람새. 질 줄 모르고 피어나던 오색 꽃무리들. 피하지 않았던 편안한 햇살. 이에 곁들인 바람결…. 어제인 듯 떠나왔는데 어느새 그곳이 그리워진다.

'때리는 것은 내 뜻이요, 홀컵에 들어가는 것은 주님의 뜻'이라 익살부리던 60대 후반 노신사의 웃음 섞인 목소리가 아직도 생생히 들려오는 듯하다.

사는 일이 주님의 뜻이라면 어떻게 살아내는 일은 내 뜻이 아닐까!

봉정암의 밤

설악산 '봉정암'을 향해 신발 끈을 매고 아침 일찍 집을 나섰다.

산 위에 또 산! 산만 쳐다보며 오르다 보니 어느덧 먼 산자락에 저녁나절 햇살이 머물러 있다. 눈썹도 무거워 뽑아 버리고 올라간다는 '깔딱고개'다. 굴러 내리다 박힌 바위들에 의지하며 네 발로 기어오른다. 할딱거리는 숨이 바위에 붙어 떨어지지 않는다. 엉거주춤하고 엎드려 위를 올려다보니 하루해 걸리고 남은 마당만 한 하늘이 내려다보며 환하게 웃고 있다. 마지막 고비다.

해발 1,244m에 위치한 봉정암은 백담사에 딸린 작은 암자다. 신라의 선덕여왕 12년에 '자장율사'가 부처님의 사리를 오층탑에 봉안하고 불상 대신 사리만 모신 법당으로, 봉황이 알을 품은 산세라 하여 붙여진 이름이다. 높은 골짜기에서 흐르는 물은 '천상수'가 아닌 화강암 사이에서 솟는 '석간수'로써 소양강을 거쳐 한강에까지 이른다.

일곱 시간을 걸려서 드디어 천상계에 올라섰다. 천하를 굽어보는 장엄한 불상인 양 화강암 바위가 먼저 한눈에 들어왔다. 마치 도량을 굽어보며 기도하는 모습인가! 기염 만장한 바위를 고개가 아프도록 쳐다보았다.

상상으로만 그리던 봉정암이 그 바위 아래 소탈하게 자리를 잡고 있다. 구름집과 같은 법당의 신성한 냄새가 전신으로 스며들었다. 머리를 숙이니, 사바세계로 나비춤을 추며 훨훨 날아가는 듯했다.

다시 경사진 층계를 올라가, 반석 위에 자리 잡은 오층 사리탑(舍利塔) 앞에 이르렀다. 내 평생 지고 있던 사리(私利) 한 짐을 내려놓으니 저절로 합장이 되었다. 앞을 내다보니 산 능선이 줄줄이 이어져 내리고, 온 세상을 발아래 두고 있다. 덕지덕지 쌓여 무겁고 답답했던 질긴 삶의 편린들이 저녁나절 산이랑 타는 햇살 위로 눈부시게 날아간다. 산사에 드니 미역 국밥에 오이채 띄워낸 저녁상을 차려 내왔다. 꿀맛이다.

단청한 산사에서 평생 처음 하는 잠자리였다. 세상이 다 내 것 같았다. 바라지창 뚫어진 문구멍으로 달과 눈이 마주쳤다.

창문을 열어젖히니 적막강산 속, 산사를 지나가는 달이 징검다리 건너듯 산봉우리를 밟고 지나간다. 손에 잡힐 듯 쏟아지는 달빛이 얼굴을 비벼댔다.

순간, 이 깨달음의 밤을 맞이하기 위한 것이었다면 온종일 힘들었던 산행도 흡족하게 느껴졌다. 사색에 잠기니 천상의 극락정토라 굳이 담을 것도 없고 비울 것도 없었다. 그저 아늑하고 평화스러운 달빛 같은 산사의 밤이었다.

그러고 있자니 하루해가 줄줄이 옆에 와 눕는다. 수없이 밟히던 산돌 소리, 바람 소리, 산새 소리, 다람쥐 갈잎 밟는 소리, 굽이굽이 돌아나며 백옥 같은 너래 반석에 썰매 타는 물소리, 옥탕에 모여 숨 고르는 물비늘 춤추는 소리. 소리, 소리에 묻혀 밤은 깊어 가는데 내 발에 달린 산돌은 아직도 떠나지 않고 달각달각 달아오른다.

계곡으로 떨어지는 바람의 그림자가 내 가슴에 잔잔한 물결의 파문을 그려놓고 떠나간다. 맑고 고요해진 마음속에 새로운 삶의 씨앗들이 들어와 뿌리를 내린다.

이대로 누워 있음이 편안한데 유독 한 가지 떨쳐버리지 못하는 병이 또 돋아난다. 그리움. 다시 돌아 누워본다. 그래도 그리운 얼굴들은 여전히 떠오른다.

'그놈의 잇속 없는 그리움. 평생 가지고 살다 가지고 가야겠지.'

외길로 달려왔던 지난 세월이 운석처럼 스치고 지나가며 세월의 빠름을 일깨운다. 오늘처럼 '봉정암'을 오를 힘만 있으면 됐다. 살아오며 세상일에 비비 꼬여있던 마음을 풀어놓고 찌들대로 찌든 부질없는 보따리랑 미련 없이 내려놓자. 그리고 어머니 품 안 같은 반석에 안겨, 하룻밤 동안 흐르는 물소리에 모든 잡다한 것을 씻은 듯 흘려보내자. 그러다 날이 새면 밤새도록 다듬이질한 마음 갈피갈피 접어 등에 지고 내려가야지!

아침이 되니 밤새의 극락정토는 간데없고, 뽀얀 안개 속에 묻혀 머뭇거리듯 깨어나는 도량이 신비롭다. 한 치 앞을 가늠할 수 없는 운무 바다. 바람만 지나가는 허공. 옥황상제가 머물 듯한 곳. 냉기 도는 바위에 앉아 눈을 감는다. 세상에 태어났음을 감사하며, 아직도 그리움이 있다는 것은 아름다운 마무리의 삶이라고 스스로 위안한다.

새벽 염불소리 천상에 닿고 가슴 다듬는 목탁소리 산울림으로 퍼져 나는데, 갈맷빛 풀잎에 옹기종기 모여 앉아 합장하는 새벽이슬들….

어디론가 떠나가고 싶을 때, 아니면 머리를 풀어 빨래하듯 절레절레 흔들어 빨고 싶을 때, 담을 것도 없고 비울 것도 없는 '봉정암'에 또 오르리라.

그리움의 멀미

마음이 더 아픈 날이 있다. 비웠던 자리의 상처가 덧나 어디론가 훌쩍 떠나야 아물 것만 같다. '미시령 옛길'을 혼자 오른다. 고개 바람이 바짓가랑이를 휘어 감고 푸들거린다.

출근하려는 내게, "엄마, 학교 가지 마요!" 떨어지지 않으려고 치맛자락에 매달려 애절하게 울듯 바짓가랑이가 운다. 입이 닳도록 아이들의 이름을 불러주고, 엄마란 말을 노래처럼 부르며 컸어야 했는데… 우리는 그렇게 안 한 것이 아니라 못하고 살았다. 이제 와 "어머니가 저희에게 무엇을 해 주셨어요?" 하고 물으면 아련하고 막막했다.

큰딸이 태어나며 엄마의 자리가 생겼다. 엄마를 인식하는 시기에 수유하며 사랑의 교감이 이루어져야 한다. 기저귀를 갈아 주며 눈을 맞추고 옹알이도 주고받으며 이가 나오기를 기다려야 하고, 걸음마를 시작할 때 옆에서 부추겨 주어야 한다. 나는 그 금쪽같은 엄마의 자리를 거의 비워놓았다.

이른 아침 수유하고 있으면 고사리 새순 같은 손이 내 손안에서 학교에 가지 말라고 꼼지락거린다. 밀착되었던 심장에서 아가는 딸막거렸고 엄마는 쿵쿵 뛰었다.

"엄마 학교에 갔다 올게! 온종일 울지 말고 잘 놀아야 해!"

그런 독백이 무슨 소용이 있으랴! 나를 지배하는 시간이 벽에서 똑딱거리며 한 치의 양보 없이 흐른다.

거짓 없는 아가의 눈길을 피해 도망치듯, 사라지는 마술사이듯 대문을 나섰다. 몸이라도 성치 않은 날이면 아이의 울음소리가 담을 넘어 따라왔다.

'나는 울지 않는다.' 스스로 최면을 건다. 잡고 버티는 가난 때문에 냉정히 돌아서야 했다.

아이들이 커가면서 돈 버는 엄마보다는 집에서 살림하는 엄마를 원했다. 승진발령으로 헤어져 사는 것이 서로에게 못할 짓이었지만, 내색 안 하려 했다. 내가 아픈 이상 아이들의 여린 가슴은 더 아팠을 거다. 그래서 아이들은 다 컸는데도 사랑! 사랑! 사랑 타령이다. 훗날 큰 상처 되는 줄 모르고 왜 그렇게 현명하지 못하게 살았을까? 등줄기엔 땀이 흐르고 가슴은 애달

픔에 젖어든다.

언젠가 막내 녀석의 식사습관이 눈에 거슬려 지적한 적이 있다. 서슴없이 말했다.

“엄마! 이거 배워야할 때 나 혼자 해냈어요! 엄마는 그때 어디 있었느냐고요? 왜요? 가슴 아파요?”

움찔했다.

‘녀석의 상처를 건드렸구나!’

그때 얼마나 사랑을 갈망했으면 이제껏 마음에 두고 있다가 그렇게 툭 튀어나왔을까! 큰 것을 탐내다 더 큰 것을 잃는 줄도 모르고 살아온 것 같다. 네 아이 다 그렇게 컸으니 저들이 돌이 아닌 다음에야 가슴에도 쌓인 아픔이 많이 있겠지! 지금은 흔한 사랑한다는 말이라도 그때 많이 해주었으면 지금에서 저토록 절실하지 않을 수도 있으련만 그때는 그 말이 왜 그리 어려웠는지! 어미 마음속에 저희가 전부인 것처럼 저희 마음속에도 어미가 전부인 줄 알고 열심히 살면 되는 줄만 알았다.

외손녀가 첫발을 내디딜 때다. 그 획기적인 변화가 너무나 경이로워 식구들이 손뼉을 치며 눈물을 글썽였다. 그 아이들 앞에 있기가 어색하고 민망했다. 할미가 된 후에야 비로소 내 아이들과 함께한 시간이 없었다는 것을 가슴앓이하며 깨달았다. 어쩌랴! 그래도 나의 빈자리를 대신 메워준 큰딸에게 가슴 저리게 감사하다. 공부하며, 집안 살림, 동생들 보살피기에 얼마나 힘겨웠을까? 스스로들 이겨내며 잘 자라주어서 정말 고맙다. 모자란 내게 아들과 딸들이 되어주어 얼마나 고맙고 좋은지 눈물이 난다.

퇴직 후 뒤늦게 돌아와 비워 두었던 자리를 채우려 하니 이미 다 떠나가고 없다. '직녀성'의 주인공처럼 일 년에 한 번씩 영국에서 다녀가는 큰딸. 이제 내 생전에 몇 번을 더 다녀가게 될까! 이제 와서 엄마가 하늘같은 존재라고 일깨워 주니 무너지지 않으려 안간힘을 쓰지만 가는 세월에는 쓸 약이 없다.

셋째 또한 이탈리아 밀라노로 떠나며 언제 올지 모른다고 하며 세상에서 제일 고통스러운 것이 엄마와 헤어지는 것이라고 울먹였다. 자식들의 그런 한마디 한마디에 미안함을 느끼면서도 한편으로는 보약이듯 힘이 된다. 오래오래 살아 주마! 하지만 이제는 그리움을 먹고 살아야겠구나.

어느 날 뒷산을 오르다가 젖은 빨래 주저앉듯 앉아 아이처럼 엉엉 울었다. 나의 의지로는 더는 감당할 수 없는 슬픔이 밀려왔다. 스스로가 돌아봐도 아팠던 어렸을 때 내 모습의 기억과 가슴에 묻어두고 사는 어머니의 초상화! 떠나간 새끼들의 빈자리, 앞만 보고 미친 듯 살아온 지난날들. 달팽이 껍질같이 텅 비어있는 공허 속에 공포감이 엄습한다. 허무의 통곡이었을까? 살아온 것들이 그냥 서러워서였을까? 지금 생각하면 그것은 사랑의 가슴앓이요, 그리움의 멀미였다.

열심히 삶에 매여 산 것도, 하느님께 기도드린 것도, 눈물을 흘린 것도, 화를 낸 것도, 그리워한 것도, 또한, 기뻐한 것도 모두 너희가 있었기 때문이라고 하면 믿어주겠니? 우리에게도 짧으나마 행복한 시간이 있었잖니? 학교에서 돌아오면 엄마 없는 집에서 지내는 아이들이 애처로워 꽃꽂이 속에 편지를 써넣어 놓고 바르고 예쁘게 잘 커달라 기도도 했다. 짧은 시간이라도 즐거운 웃음을 주기 위해 방에서 아이들을 데리고 술래잡기도 했다. 다섯 살 때 막내 녀석이 킥킥거리다 잡히면 "왜! 나만 자꾸 잡는 거야" 하고 울음 터트리던 것이 선연히 떠오른다. 또한, 일요일이면 불량식품을 안 먹이려고 모두 둘러앉아 동물 모양으로 과자 만들어 먹던 기억도 있다. 그리고 어느 여름날 밤을 새워 짠 수영복을 입히고 한탄강 물놀이도 갔었지!

굽이굽이 돌아 두어 시간 걸어 미시령 산마루에 오르니 이승과 저승의 경계선 같은 망망한 동해의 수평선이 한눈에 들어온다. 살아온 삶의 아픔들이 이제는 다 아물어 상처의 흔적으로 남게 된 것도 모르고 살았다. 아팠던 그 흔적마저 지워버리고 그리움이 없는 곳으로 시조새[9]가 되어 바람 따라 훨훨 날아가고 싶다.

---

9) 조류의 시조이며 날개 끝에 3개의 발가락이 있고 꼬리의 길고 굵은 뼈를 축으로 하여 양옆에 깃털이 달려있음

그래도 좋았어

- 곰배령 -

인제군 기린면 진동리에 있는 해발 1,164m 점봉산을 향해 오르다 보면 팔부능선쯤에 '곰배령'이 있다. 산의 모양이 곰이 배를 하늘로 하고 누워 있는 모습이라 '곰배령'이란다. 식물 보호 지역으로 유네스코에 등재된 이곳은 자연을 벗 삼는 등산객들이 즐겨 찾는 명산이다. 4월부터 8월까지 야생화 군락지로 '하늘 화원' 또는, '신들의 정원'이라 불린다. 언젠가 기회가 되면 가보겠다고 마음으로만 그리던 곳이다.

그러던 중 때마침 둘째 딸이 집에 다니러 왔기에 기회는 이때다 싶어 함께 가자고 했다. 속으로는 한가하게 산길을 오르며 엄마의 마음도 꺼내어 딸에게 얹어보고, 딸의 마음도 받아서 어미 마음에 간직하고 싶은데… 하지만 딸아이는 선뜻 대답을 안

한다. 밤을 지나고 아침이 되어서야, 무슨 생각을 했는지 내가 가는 길에 갑자기 따라나선다.

딸과 함께 산을 오르니 싱그러운 바람까지 곁들여 나를 설레게 한다. 온갖 활엽수들이 울창하게 우거진 처녀림 속 오솔길은 신선하기 그지없다. 혹시나 돌부리 차고 넘어질까 봐 어미 손을 잡아준다. 딸의 손이 유난히 따스하다.

'지난날 엄마의 사랑하는 방법이 미개했음을 그리고 바빴던 엄마의 삶을 이해하고 용서해다오.' 하고 슬쩍 말을 꺼내고 싶었다. 하지만 지나간 시간의 기억들이 목구멍에서만 오르락내리락하다 만다. 다시없을 기회지만 이 좋은 기분 망칠까 싶어 그냥 마음에서 접는다. 오늘 하루만이라도 좋은 추억으로 남기자.

어려운 일이 있을 때마다 나의 어머니는 나를 오뚝이처럼 잘 일어서게 키워 주셨다. 그런데 나는 딸에게 아무런 힘을 길러주지 못한 것 같다. 그 죄책감이 딸의 손끝을 통해 가슴에 찡하게 와 닿는다. 이제라도 강한 의지를 가지고 자신 있게 세상을 살아가기를 속으로 빈다.

어려서부터 인사성이 바르고 깜찍하다는 말을 많이 들은 딸이다. 바이올린, 그림 그리기, 청아한 목소리까지, 커서 틀림없이 큰 성악가가 될 줄 알았다. 바쁘고 여유 없는 삶에 딸이 가야 할 길을 제대로 열어주지 못했다.

내 훗날 편안하게 눈 감을 수 있을까? 길가에 풀들은 내 속

마음을 알았는지 건드리는 척하다 슬쩍슬쩍 피해준다. 딸을 앞세워 놓고 쫓아 올라가며 '저것이 내 끈이고 아픔이지!' 하면서도 한편으로는 어미를 따라나선 마음이 고마웠다.

정상이 가까워지자 딸은 먼저 오르겠다며 혼자 발길을 빨리한다. 눈길에서 멀어질세라 숨이 차도록 뒤따라가지만 이미 보이지 않는다. 다 큰 딸인데도 물가에 세워놓은 아기같이 불안하다.

딸아이가 초등학교에 들어가기 바로 전이다. 많이 아프다기에 병원에 다녀왔으나 별 차도가 없었다. 아픈 아이를 두고 출근하기가 힘들었다. 그날 퇴근을 하고 집으로 들어서는데 시어머니께서 아이가 종일 잠만 잔다고 하시기에 덜컥 겁이 났다. 딸아이는 척 늘어져 눈을 뜨지 않는다. 잘못되었을지도 모른다고 생각 드는 순간 아이를 부둥켜안으니 내 정신이 가물가물해지며 울음이 터져 나왔다. 소식 듣고 급히 들어온 남편도 황당해한다. 뜬눈으로 밤을 지새우고 철원에서 첫 버스를 타고 서울 소아과 전문병원을 찾아갔다. 의사가 하는 말.

"그곳엔 감기 보는 의사도 없어요?"

그 생각을 하면 지금도 웃음이 피식 나온다. 그때야 말도 할 수 없이 절박했지만, 어느새 그 딸이 다 커서 이 어미랑 이렇게 산을 오르니 내 마음이 양지꽃 핀 밭둑같이 편안하다. 딸아이를 생각하며 발걸음을 재촉한다.

'지금 어디쯤 있으려나?'

2시간 걸려 능선인 산마루에 오르자 거센 바람이 몸을 가누기 힘들 정도로 정신없이 휘몰아친다. 곰의 배에 올라섰다고 화가 난 것인가! 거센 바람에 풀들도 자지러지게 소리를 내며 누워 일어나지 못하고 있다. 먼저 오른 딸은 그 바람을 피해 나무 밑에 작은 바위처럼 쪼그리고 앉아서 기다리고 있다. 딸을 보는 순간 애처롭고 측은했다. 바람막이가 되어 주려고 부지런히 다가갔다. 세찬 바람 속에 작은 나무와 풀들을 안고 하늘 향해 끄떡없이 누워 살아가는 곰의 배가 부럽다. 곰의 배처럼 넉넉한 가슴이 되어, 혹시 자식들의 삶에 세찬 세상 바람이 불더라도 아이들이 마음껏 기댈 수 있는 엄마로 살고 싶은데….

산행에서 집으로 돌아온 딸의 얼굴이 애기똥풀꽃같이 노래진다.

"너 왜 그래?"

"엄마 머리가 너무 아파서 누워야 해요. 산멀미 때문에 그래요. 한잠 자고 일어나면 괜찮을 거예요."

"그러면 아프다고 했어야지!"

"엄마, 그래도 좋았어!"

천길 물속은 알아도 모르는 것이 사람의 속이라지만 제 속에서 나온 자식의 속을 이 엄마가 또 몰랐구나! 그제야 나는 딸아이가 참기 힘든 산멀미에 혹시라도 엄마 걱정할까 봐 내 곁을 피해 먼저 올라갔음을 깨달았다. 평상시 산을 오르면 머리가 아프다는 말을 귓등으로 밀쳐놓고 내 욕심만 차렸다. 고통스러워하는 딸을 보니 내 마음도 아프고 미안하다.

그러면서도 나를 위해 산멀미 참고 힘들게 하루를 내어준 마음이 고맙다. 내가 저를 물가에 세워 놓은 아기처럼 불안 해 했듯이 저도 엄마를 먼 산에 혼자 보내놓고 저도 불안해서 그랬겠지. 엄마는 오늘도 네게 또 아픔을 주었구나! 그때 산멀미 참기 힘들어 엄마 곁 피하는 줄 몰랐다.

사랑한다는 말보다, 더 깊은 말은 없을까?

예비 할미의 선물

한강 잠실 둔치 길로 나섰다.

능소화빛 아침노을이 곱다. 하늘이 잉태한 진홍빛 태양은 어린아이가 화지에 그려놓은 한 폭 그림이다. 예비 손녀가 내 상상의 작은 우주선을 타고 이백팔십일의 긴 여정을 거쳐 지상 정거장으로 내릴 날이 사십여 일 남짓 남았다.

어느 날 한밤중에 이탈리아 사위한테서 전화가 왔다. 그의 짧은 한국어로 느닷없이 이어지는 소리다.

"어머니! '하멀리' 좋아요? 나도 아주 아주 많이많이 좋아요."

한다. 곧이어 딸아이의 이어지는 설명이다.

"엄마, 이제 할머니가 돼요."

기다리다 지쳐 태연한 척 지냈는데, 모닥불 같은 따스한 기운이 온몸으로 스민다. 특별한 은총에 기쁨이 솟구쳐 잠을 이루지 못하겠다. 잉태는 하늘이 정하고 땅의 정기가 맞아야 가능한데 그 가호가 내 딸에게 내려 결혼 2년 반 만에 손녀를 맞이하는 분에 넘치는 선물이다.

낯선 타국에서 혼자 하는 입덧이 얼마나 힘겨울까! 쉽게 구하기 힘든 제 나라 음식이 얼마나 먹고 싶을까. 한동안 일이 손에 잡히질 않았다. 입덧이 끝날 무렵 딸은 5개월의 힘겨운 몸으로 귀국했다. 제 어미의 나라 땅에 태를 버리고, 외할머니 품에 먼저 안겨주는 것이 효도라 생각했나 보다.

태어날 손녀에게 무엇을 선물할까? 불현듯 내가 시집올 때, 어머니께서 돋보기를 쓰시고 정성을 기울여 만들어주신 조각보가 떠오른다. 밤늦게 돌돌 거리며 돌아가던 재봉틀 소리가 환청으로 들린다. 어머니가 그리울 때면, 그 조각보를 보며 그리움을 채웠고, 외롭고 힘겨울 때는 어머니를 회상하며 몇 번이나 용기를 내고 일어섰던가! 내 손녀에게도 그런 의미의 선물을 선사하고 싶어서 반짇고리를 열었다. 세상에서 가장 멋지고 아름답고 단 하나뿐인 것을 만들고 싶다.

퇴직 후 퀼트를 배운 적이 있었다. 그때 쓰던 천 조각들을 생각되는 대로 가위질을 한다. 첫 바늘부터 기도의 시작과도 같이 마음이 차분해진다. 한 땀 한 땀 감치고 박고 홈질하며, 예비 손녀를 만날 설렘으로 기다린다. 외손녀는 외할머니를 많이 닮는다고 하는데, 무엇 하나 딱히 내세울 것이 없다. 그러나 인내하는 습관쯤은 닮아도 세상 살아가는데 허물은 안되지 싶다. 눈이 침침해지고 다리가 저리고 등과 허리가 아파도 바늘 끝에서 알짱거리며 따라 오는 손녀의 모습 때문에 손을 놓을 수가 없다. 따끔해서 놀라 본다.

'할머니! 내가 걸어간 하얀 발자국이 삐뚤어졌어.'

삐뚤어진 바늘 길을 바로잡는다.

너는 활발하고 씩씩한 성격일 것 같다. 태몽에 크고 검은 산돼지가 내 오른팔을 물고 늘어졌다. 소리소리 치는데 옆에서 할아버지가 깨운다. 돼지는 부를 상징하고, 용맹과 지략을 의미한다는데. 큰 사람이 될 것을 소망하는 외할미의 꿈이다.

또한, 아기들이 건강하게 자라라고 선인들이 만들어 놓은 놀이 말도 할미는 생각해 두었다. '불아불아. 시상달궁. 도리도리. 잼잼지암. 곤지곤지. 작작궁 작구궁. 질 나비 훨훨 섬마섬마. 허화 둥둥. 자장자장' 이다. 내 자식들 기를 때는 아이들 친할머니께서 해 주셨는데. 이제 나도 손녀와 눈맞춤을 하며 흥얼거려주자.

초음파를 통해 보니 살포시 옆으로 엎드려 기도하는 모습이다. 움푹 파인 눈언저리가 신비스럽다. 오뚝한 콧날, 통통한 볼,

심장 박동 소리를 듣는다. 아빠를 닮아 서구적일까? 엄마를 닮아 동양적일까? 손녀가 아직 세상에 오지 않았는데, 미리 성급한 생각을 한다. 잠시 내게 귀한 선물이 되었다가 지어미 몇 달 몸 추스르면 제 아비 나라로 훌쩍 떠나갈 생각을 하니 미리부터 가슴이 찡하다.

나의 어머니가 만들어 주신 조각보를 보며 내가 삶의 용기를 가지고 살아온 것처럼, 삶이 힘겨울 때 너 또한, 할미가 만들어 준 선물을 보며 그렇게 살아주면 좋겠다. 손녀 살갗에 처음 댈 보드라운 배냇저고리와 베개 그리고 가방을 만든다. 아기 예수님처럼 동방 박사들은 없지만 거룩한 마음으로 손녀를 맞이하리라.

작은 귀에 한 가닥 실 꿰놓으면, 집요하게 끌고 나가는 바늘이 조각보를 만든다. 바느질하듯 또박또박 조심성 있게 한 생애를 걸어간다면, 가방에 담아 놓은 할미 마음 언제인가 너도 그 소리를 들을 수 있으리라.

연이 하늘 높이 까마득하게 올라가면 연줄을 놓아 주어야 하듯이 분에 넘치는 행복, 조금만 소유하다 놓아주자. 초저녁달이 기울도록 밤새워 너와 속삭이며 만든 선물이다. 거기 담긴 '할미 마음'을 꼬리연에 달아 손녀가 돌아가는 날 연줄을 놓아버리듯 그렇게 기꺼이 날아가게 하리라.

초가을 햇살이 태어날 손녀의 입맞춤처럼 감미롭게 전신으로 쏟아져 내린다.

선인들의 육아 십계명

弗亞弗亞(불아불아)-만물의 빛을 전하며 侍上達宮(시상달궁)-부모에게 효도하며

道理道理(도리도리)-도리에서 이탈하지 말고 潛潛地庵(잼잼지암)-쇠, 나무, 물, 불, 흙의 근원을 알고

昆持昆持(곤지곤지)-천지육양 이치를 깨닫고 作綽窮作九宮(작작궁작구궁)-모든 일을 자기에게 맞게

疾那裨(질나비)훨훨-질고와 병고가 물러가고 贍摩贍摩(섬마섬마)-용타 자립심으로 장하게 자라라

噓和(허화)둥둥-화목하게 어울려 살아가며 自將自將(자장자장)-놀라지 말고 깊은 잠 곱게 자라.

NORAH와 햇살

- 손녀 예찬 -

어둑한 새벽 서둘러 산모를 병원으로 보내놓고 나는 안절부절못했다.

전화벨이 요란하게 울린다. 수화기를 들자 우렁찬 아기 울음소리가 들린다.

"엄마 들었지? 지금 막 순산했어요."

산모를 병원으로 데려간 제 언니의 목소리다. 예정일에 자연분만으로 모녀 둘 다 건강하다니 다행이다. 서둘러 집을 나섰다. 산모 실에 들어서니 축제 분위기다. 오색풍선과 색 테이프. 벽은 사위가 영어와 이탈리아어로 써 붙인 수십여 장의 종이 메시지로 장식되어 있었다.

여자아이를 낳으면 새끼줄에 청솔가지와 숯을 엮어 대문에 걸고 사람들의 왕래를 자제케 했던 우리네 옛날 풍습과 비교가 된다. 동양과 서구의 문화적인 차이도 있겠지만, 여유 있는 사위의 생각에 새로움을 느낀다. 더욱 특이한 것은 아내에 대한 수고와 딸에 대한 축하로 입고 있는 사위의 새 티셔츠다. 앞가슴에는 'NORAH VECA' 등에는 2006.10.28.12:10. 'SEOUL'이라 쓴 티셔츠를 입고 환하게 웃고 있다. 자축의 의미가 남다른 사위가 오늘따라 훌쩍 커 보인다.

나는 딸과 아기가 누워있는 자리로 조심스레 발을 옮겼다. 아기 얼굴은 세상으로 오는 좁은 문을 통과했지만 애쓴 흔적이 없다. 하얀 이불에 싸여 볼그스레한 얼굴로 첫 잠자리에 든 표정은 아기천사의 모습이다. 꼭 다문 입이지만 웃는 인상이다. 할미의 급한 마음에 속 이야기를 털어놓는다.

"아무런 탈 없이 예쁜 모습으로 와 주어서 고맙다. 아가야 네 이름은 '노라(NORAH)'다.

예전 어느 날 네 아빠한테서 전화가 왔었다.

"어머니 뭐 하세요?"

"응, 놀아." 하고 대답한 것이 '노라'로 네 이름이 될 줄 누가 알았겠니. 쉽게 발음할 수 있고, 친근감이 들어 'NORAH'라고 부르기로 했단다. 그러나 할아버지와 할미는 '놀기만 하면 안 되지!' 하면서, 모든 생명의 근원인 세상에 없어서는 안 될 '햇살'을 생각했다. 눈부신 햇살처럼 밝은 마음으로 희망과 용기를 가지고, 에너지를 필요로 하는 모든 이들에게 베풀며 살아가는 삶을 기원하며 '햇살'이라 한국 이름을 지어 주었다. 그래서 아빠 나라에서는 'NORAH, 엄마 나라에서는 '햇살'

손녀는 병원에서 할미 품에 안겨 집으로 돌아왔다. 꼭 황금 덩어리를 가슴에 안아 부자가 된 듯 세상에 부러울 것이 없이 흐뭇했다.

그런 마음도 모르고 딸은 엄마 힘들다고 도우미를 집안에 들였다. '햇살'이를 곁에서 지켜주지 못하는 것이 서운했다. 한 달 가까이 손녀 곁을 떠나 있어야 한다는 사실에 서운해 하며 인제 시골집으로 내려왔다. 옛날 할미 젊었을 적 네 어미를 떼어 놓고 직장으로 나설 때 옷깃 적신 눈물에 비할까마는… 몇 주 손녀와 떨어져 있으니 가는 시간은 애달프고 마음에 남는 것은 섭섭함과 그리움뿐이었다. 결국, 사나흘이 멀다 하고 시골에서 서울로 올라올 수밖에 없었다.

손녀의 잠든 얼굴을 들여다보고 있노라면 메꽃 빛 입술이 뭉개지며 삐쭉거리다 흐느끼기도 하고, 쓴 약을 삼키듯 상을 찡그리다 금시 활짝 웃는다. 배냇짓마저 신기하다. 아기가 눈을 뜨면 동공 속으로 할미의 마음이 푹 빠져든다. 눈밭 같은 눈 속에 우주인 듯 느껴지는 맑은 눈동자, 그 눈을 싸고 있는 곡선의 기다란 속눈썹은 더욱 매혹적이다. 눈에서 조금 옮기면 뽕

뚫린 쌍둥이 동굴 같은 콧구멍. 그 안에 코딱지까지도 종유석같이 신기하다. 표현할 수 없는 옹알이를 할미 뜻대로 대답해주느라 할미가 수다쟁이가 됐다. 쉬할 때도 예쁘고, 응아할 때도 예쁘다. 살아있는 인형이다. 가슴에 안고 잠을 재우노라면 새 가슴이듯 팔딱거린다. 세상의 부를 다 누리는 듯 행복하다.

엄마는 끊임없이 수유, 이모는 기저귀를 갈아주고, 아범은 포근하게 안아주고, 할아버지는 별명을 시시때때로 지어낸다. 눈이 크다고 해서 눈까리에 눈자만 빼고 '까리'다. 허수아비 같은 새 옷을 사다 입혀놓고 갓난이, 복실이, 똘똘이, 초롱이, 산토끼… 아기는 여전히 방글거린다. 천사가 따로 없다. 내 손녀가 천사다. 종심에 들어 생각지도 못했던 아름다운 발견이다.

창 사이로 비집고 들어온 겨울 햇살이 거실 바닥에 편안하게 누워있다. '햇살'이는 토끼잠에 들어갔다. 아기 잠든 시간이면 약속이나 한 듯 모두 입에 검지를 바로 세운다. 식구들은 팬터마임의 고수들이 됐다. 집안은 이른 봄 양지꽃 피는 밭둑처럼 조용하고 평화롭다.

첫 손녀의 탄생은 별난 감동이다. 품에 안고 있으면 손녀의 신비한 생명의 울림이 나를 활기차게 만들었다. 그러나 우리에겐 끊을 수 없는 질기고 슬픈 희비의 곡절. 언제 만날지 모르는 기약 없는 이별이 앞에 있다. 심장을 꼭꼭 묶는 듯이 저리고 아프다.

너와 할미의 이별, 그냥 빼저린 숙명임을 알고만 있자. 곧 제 아비의 나라 이태리로 훌쩍 떠나가고 나면 할미만 남는 허망한 외사랑. 주체 못 할 그리움을 어쩌리….

봉선화 사랑

"뚜- 뚜-…."

Skype(인터넷 화상전화) 전화벨이 울려 빠르게 달려가 클릭했다. "할머니! 안녕!" 손녀의 얼굴이 모니터에 꽉 차있다. 쓰다듬고 안아 주며 정을 주고 싶은데, 턱도 없이 부족하고 성에 안찬다. 그림의 떡이다. 그래, 목소리라도 듣고 동영상으로 얼굴을 보니 그래도 전화에 비하면 감지덕지다.

'꽃녀'는 외손녀 '햇살'의 애칭이다. 꽃녀의 엄마는 나의 셋째 딸이다. 꽃녀는 한국에서 출산하고 18개월 만에 제 아비의 나라 이탈리아의 밀라노로 돌아갔다. 제 동생이 들어서자 1년 6개월 만에 내 곁으로 다시 왔다. 제비가 때가 되면 제 고향 찾아가듯 1년 만에 또 떠난다. 그사이 쌓아 올린 정이 무너질까 염려다. 사랑의 증표를 만들어 주면 볼 때마다 할미 생각이 나겠지! 손톱 발톱에 봉선화 꽃물을 흠뻑 들여주자. 제 손과 발톱에 물든 것이 남아있는 동안만이라도, 할미를 기억해 주겠지! 속으로는 '네 살이 겨우 넘은 어린것에게 바랄 걸 바라야지!' 하면서 꽃밭에 앉아 봉선화 꽃잎을 딴다.

"할머니의 어린 시절 옛날이야기 해줄까?"

"네! 해주세요."

"밤마다 꽃녀 잠들기 전에 자장가로 부르는 노래가 바로 이 '봉선화' 노래야."

"정말, 참 예쁘다!"

"할머니는 사금파리로 소꿉장난했어. 꽃은 밥이 되고, 꽃씨로 반찬을 만들어 냠냠 맛있게 먹었어."

참새 새끼처럼 고개를 갸웃거리다가 "냠냠" 먹는 흉내를 낸다.

"꽃씨에 뭐가 들어있어?"

"씨가 들어 있지! 씨가 겨울잠을 자다가 봄이 오면 깨어나 또 예쁜 꽃을 피워."

꽃잎을 따고 괭이밥을 뜯어 소금과 백반을 넣고 돌로 찧어 비닐봉지에 넣었다. 잠자리에 들기 전, 마지 쌀[10]알 같은 손톱 발톱에 콩알만 하게 꽃다대기를 얹어놓고 비닐로 가볍게 싸서

---

10) 부처에게 밥을 지어 올릴 때 쓰는 쌀

실로 너무 조이지 않게 묶었다.

"할머니! 노래 빨리 불러줘요."

"울밑에선 봉선화야 네 모양이 처량하다…" 할미를 따라 흥얼거리다 곧 잠이 든다. 손톱 발톱에 꽃물은 지워질망정, 사랑하는 두 마음에 지워지지 않을 사랑의 물이 흠뻑 들었으면 하는 할미 바람이다. 혹시 백반 때문에 연약한 피부에 상처라도 생기지 않을까 하는 생각에 밤새 근심되었다. 아침에 일어나 손톱 발톱에 든 꽃물을 본 꽃녀는 환하게 웃는다. 그 미소도 잠시, 생뚱맞게

"그런 데에-! 그런 데에-!" 하고 망설인다.

"할머니! 나 '밀라노'에 가면 할머니 보고 싶어 눈물 날 것 같아요."

서로 마주 보는 눈동자에 떠나기도 전에 밀려오는 그리움을 막을 길이 없어 우리는 서로 안았다.

이별의 순간이 왔다. 출국시간은 초를 다투며 가까워진다. 올 때는 기뻐서 눈물이 돌더니, 돌아갈 때는 헤어짐이 서러워 눈물 방울이 옷깃을 적신다. 어린것이 무엇을 안다고, 손녀의 서럽게 엉엉 우는 소리는 닫힌 개찰구 문 너머에서도 생생히 들려온다. '꽃녀'의 눈에서 흐르는 눈물은 봉선화 꽃물. 할미 눈에서 내리는 눈물은 가슴 물들이는 꽃빛 눈물이었다.

어느 날 Skype에서 화상 통화를 하다가,
"할머니! 그런데, 어떻게 하지?"
꽃녀의 실망스런 말투다. 열 손가락을 쫙 펴 보이며
"손에 봉숭아물이 다 없어졌어!"
"그러네!"
"참! 할머니 잠깐 기다려!" 양말을 벗더니 발을 화면 가까이 댄다.
"발에는 아직도 있어. 할머니 이거 보이지?"
"그래, 보인다." 사라져 가는 꽃물이 저도 무척이나 아쉬운가 보다!
"봉선화 물들일 것 냉장고에 있어. 오면 또 물들여 줄게."
"너무 멀어서 나는 못 가니까 할머니가 가지고 빨리 와요."
자기 의사표시가 정확하고 분명하다.

할미와 네 살 외손녀 봉선화 꽃물의 추억이 아직도 이어지고 있던 어느 날이다. 겨울이 없는 '태국 치앙마이'에 가 있는 동안 전화가 왔다.
"할머니 보고 싶어요. 노래 불러 주세요."
"무슨 노래?"
"울 밑에 선 봉선화."

수화기를 마이크 삼아 목소리를 가다듬어 노래를 부른다. 이 외할미가 너의 어린 가슴에 아직도 선명하게 봉선화 할머니로 남아있구나!

울 밑에 선 '꽃녀'야 네 모습이 그립다.

"봉선화에 달린 씨주머니를 이렇게 누르면 씨가 톡 터져 나오지? 씨가 터지며 말을 했는데 들었어?"

"아니! 못 들었는데, 할머닌 들었어? 뭐라고 했어?"

"나를 잊지 마세요. 했거든!"

"으응! 참 재미있다. 알았어. 안 잊을게!"

"……."

가슴에 진홍빛 꽃물이, 꽃물이 든다.

너털웃음

마음의 꽃밭은 웃음이다.

철이 들면서 꽃밭이 점점 작아지는 줄도 모르고 살았다. 마치 바람결에 빈 물레가 돌아가듯 가버린 세월. 웃음이 필요하고 그리운 나이가 되었다. 배를 잡고 허리가 끊어질 것같이 웃던 요절복통의 여고 시절로 돌아갈 수 있다면 행복이다.

우리 집은 내설악 아래 첫 동네 '용대리'다. 북쪽으로 가면 진부령, 동쪽으로 가면 미시령, 남쪽으로 가면 서울이다. 삼거리 지점에다 자리를 잡았다. 산 위에서 골로 쓸어내리는 바람이 매섭다. 산 밑의 앞 동네는 '바람도리'라 불린다. 여름은 더할 나위 없이 시원하여 선풍기 없이 살 수 있지만 겨울나기는 겁이 난다. 찬바람이 일기 시작하면 천식이 있는 남편의 숨소리가 쇳조각 비비는 소리를 낸다. 그래서 겨울만 되면 춥지 않은 나라 '태국, 치앙마이'에 가서 겨울을 난다. 초가을 같은 날씨에 맑은 공기는 잔뜩 움츠렸던 몸과 마음을 편안하게 해준다. 태국을 오래 다니다 보니 그런대로 적응되어 지낼 만하다.

도착한 다음 날부터 어둑어둑한 새벽길을 대여한 차를 가지고 조심스레 나섰다. 우리 부부가 취미 삼아 같이 즐기는 골프는 우선은 건강이 목표이다. '항동'이란 곳에 도착하니 먼동이 터오는 하늘에 아침노을이 홍시 빛이다. 자욱한 안개가 골프장을 뽀얗게 덮고 있다.

'티' 위에 공을 올려놓고 내 방식대로 자세를 취하고 목표지점으로 보낸다.

'딱!' 소리만 남겨놓고 희뿌연 안개 속으로 흔적 없이 사라진 오리무중인 공을 찾아 걷기 시작한다. 양탄자 같은 잔디가 함초롬히 아침 이슬을 머금고 있다. 뒤돌아보니 발길에 으스러진 이슬의 흔적들이 줄을 서 따라 왔다. 은빛 도화지에 검은 발자국을 그려 놓은 듯 아름답다. 폭신하고 산뜻한 정취에 젖어 있는 순간이 마냥 좋아 나도 모르게 웃음이 나온다. 그렇게 한두 홀을 지나다 보면 우람한 태양이 나뭇가지를 딛고 솟아오른다. 장엄한 순간을 놓칠세라 phone에 담아본다.

다음 홀로 마음을 담아 공을 보내지만 제멋대로 날아가 떨어진다. 풀숲에 들어가 까꿍 하는 장난꾸러기, 물속으로 첨벙 뛰어들어 파문만 일게 하고 감감하다. 아쉬워 바라보며 "안녕!" 하고 돌아서지만, 벙커에 들어가 모래투성이로 천연덕스레 앉아 있는 공이 반갑고 대견하다. 사실, 못 쳐도 그만, 잘 쳐도 그만이다. 공을 앞세워 놓고 잃어버릴세라 끈질기게 따라붙는다. 어쩌다 공과 손에 쥔 그립과 또한 자세가 잘 맞아 떨어질 때는,

'따 아악!' 경쾌한 소리와 함께 포물선을 그리며 옹골차게 날아가 목표지점에 떨어진다. 그 성취감이 가슴을 활짝 열어준다. 집안 살림, 일상의 걱정 근심, 또한, 그리운 것조차도 한순간 다 잊고 공과 함께 걸어가며 나를 다스리는 시간이 그저 좋았다. 간간이, "와!" 하는 박장대소가 푸른 벌로 퍼져 나와 햇살에 실려 날아온다. 동반자 중 누군가 버디를 하고 호탕하게 웃는가 보다. 나도 그쪽으로 고개를 돌리고 덩달아 웃는다. 웃음엔 전염성이 있어 좋다.

공을 잘 날렸을 때는 서로 손바닥을 마주치며 축하해 준다. 뭐 그리 대단한 일도 아닌데! 하기야, 작은 홀컵을 향해 공이 살랑살랑 굴러갈 때는 내 것 네 것 할 것 없이 마음도 모두 하나같이 조마조마하게 굴러간다. 숨까지 멈추고 기다리다 홀컵 속으로 댕그랑! 하고 들어가면 갑자기 숨통 터지는 높은음 웃음소리가 짙푸른 하늘로 치솟는다. 홀컵 옆에까지 굴러와 들어갈까 말까 망설이다 아슬아슬하게 멈추는 공도 있다.

"아깝다! 아까워!" 다음 '홀'로 걸어가며 아쉬운 미소에 '엔도르핀'도 비시시 반으로 준다.

우리 부부가 치앙마이에 머물러 있는 동안, 미국인 '톰'과 같이 공을 치는 날이 많았다. 내 몸의 두세 배 덩치에 눈과 코만 내어놓은 얼굴엔 흰 수염이 덥수룩하게 덮고 있다. 은색 머리는 댕기를 땋아 앞으로 길게 늘어 뜨렸다. 개성 있고 특별하게 보이는 데다 공을 치는 것도 별나게 친다. 우리의 정성을 한곳에 집중하고 긴장하는 순간에 비하면 '톰'은 티 앞에 가자마자 준비 없이 되든 말든 때린다. 꼭 자치기가 연상된다. 그냥 건강을 위해 걸어가며 즐기는 골프 같다. 좋은 위치에 떨어지면 기타 치는 흉내와 색소폰 부는 흉내를 내며 온몸을 실룩거리며 흥겹게 걸어간다. 때로는 연이어 물로 던져놓고 넉살을 떤다. 어깨를 늘어뜨리고 원숭이 밥 달라는 흉내를 내면 완전 원숭이의 모양이다. 순간순간 분위기에 맞게 잘 웃긴다. 욕심 없이 치는 것은 건강을 위해 그저 즐기는 것이 나와 비슷하다.

그곳에 머무르는 시간이 좋다. 울적해 했던 마음도, 여기저기 아파 내 집같이 드나들던 병원도 멀어졌다. 사람들은 생활에 여유가 있어 즐기는 줄 알지만 실은 그렇지 않다. 사람마다 씀씀이에 따라 다르겠지만 우리는 이곳에서 쓰는 생활비용을 가지고 그곳에 가 즐기는 것이다. 처음 시도할 때는 용기가 필요했을 뿐이다.

오늘도 두어 시간 넘게 공을 치며 신들린 듯 웃으며 보냈다. 웃음도 매일 반복하다 보니 나도 모르는 사이에 습관이 된 듯 웃으며 지내다 잃어버린 어린 시절 깔깔댔던 웃음을 찾았다. 이젠 잃어버리지 말고 늘 웃으며 살자. 혹시 살다가 너털웃음이 안 나오면, 억지웃음 속에 눈웃음이라도 치며 살아야지.

내가 왜 이래

'내 나이가 어때서!' '나이는 숫자에 불과하다고?'

평상시 나도 그렇게 생각하는 마음이었다. 용대리에서 원통까지 일주일에 서너 번씩 운전하고 나가서 운동과 취미생활도 열심히 하며 젊게 산다고 자부하는 편이었다. 그런데 요즘은 부쩍 내 정신이 하늘에 별처럼 깜빡깜빡할 때가 많아졌다.

얼마 전에는 저녁 식사를 하던 중 남편이 상에 놓인 반찬이 술을 당기게 한다기에 냉장고 문을 막 열려는데 전화벨이 울렸다. 전화를 받은 후 제자리에 돌아와 태연하게 앉아 밥을 먹고 있으니 그가 나를 보며 싱긋이 웃는다.

"왜 웃어요? 식사하다 말고?"

얼굴에 무엇이 묻었나 싶어 거울을 힐끗 보고는 여전히 밥을 먹었다. 상을 다 치우고 텔레비전을 보다 잠자리에 들 때도 싱긋한 표정으로 바라다본다. 이튿날 아침 냉장고 문을 여는 순간 '아차! 어쩌지!' 그제야 저녁 먹다 꺼내려던 소주병이 생각났다. 그의 어이없이 웃는 표정도 알아채지 못할 만큼 묻어지는 듯 그렇게 세월이 가고 말았다.

지난해에도 이전에는 있을 수도 없는 일이 벌어졌다. 우리가 사는 내설악은 여름에는 에어컨 없이도 시원하게 보낼 수 있지만, 겨울만 되면 추위가 무섭다. 그래서 겨울을 피해 태국에 가 두서너 달 지내다 온다. 그곳에 가 있어도 시래깃국이 자주 생각나 마른 시래기를 가지고 갔다. 시래기를 삶기 위해 인덕션 레인지에 올려놓고 산책하러 나갔다가 점심때가 되어서야 그 사실이 번뜩 떠올랐다.

'어떡해! 시래기를 불에 얹어 놓고 나왔어!' 다급해졌다. 오늘따라 자동차도 안 가지고 나왔는데, 걸어서 20분쯤 걸리는 거리다. 주변엔 빨리 갈 다른 아무런 방법이 없었다. 때마침 마트 앞에 오토바이를 세우는 청년이 보이기에 무조건 잡았다. 예의 차릴 여유도 없었다. 말이 통하지 않으니 손짓 발짓 몸짓까지 모두 동원해 오토바이에 무조건 올라탔다. 어리둥절하던 그가 내 의도를 알아차렸는지 시동을 건다. 팔로 이리저리 방향을 가리키며 콘도 쪽을 향해 달렸다. 하늘로 불꽃이 무섭게 일고 타는 냄새가 온 시가지로 퍼져나가는 상상을 하니 숨이 멎을 것 같았다. 타국에 와서 남의 집에 불을 냈으니 이제는 다 살았구나! 하며 머리가 돌덩이같이 굳어지는 느낌이었다. 드디어 저만치 높이 서 있는 콘도가 보인다. 그런데 아직은 밖에까지 불꽃이 번지지 않았다.

청년은 콘도 앞에 나를 내려놓고 쏜살같이 사라졌다. 어떤 방법을 써서 왔는지 그 와중에 깜빡 잊고 있었던 남편도 오토바이에서 내려 뒤따라 들어왔다. 다급히 현관문을 열었다. 이게 웬 꿈같은 일인가! 눈앞에는 아무 일도 없이 잠잠했다. 힘이 쭉 빠진 채 얼른 주방으로 가 냄비를 열어보니 물을 부어 얹어놓은 그대로다. 출입구 벽 쪽에 마스터키를 꽂았다. 그제야 인덕션에 불이 벌겋게 들어온다. 당연히 콘도를 나갈 때 키를 빼서 간 생각을 미처 하지 못했다. 백 세 대가 넘게 사는 이 콘도에서 나의 깜빡한 기억력 때문에 불이 났었다면!, 생각만 해도 아찔한 하다.

숨을 돌리고 나니 그제야 당돌하고 무례하게 잡았던 오토바이 청년이 생각났다. 수고비까지 뿌리치고 바쁜 듯 휙 사라진 청년. 오토바이 번호도 모른다. 가장 다급했던 순간에 스치고 지나간 이름 모를 그 낯선 청년에게 감사함을 전한다.

엊그제는 남편의 생일이었다. 평생을 투정 한 번 안 하던 그가 속을 드러낸다.

"어느 자식 하나 전화도 없잖아." 하며 자식 잘못 키운 탓을 또 내 탓으로 돌린다. 답답해 훌쩍 집을 나와 버스를 탔다. 아이들이 있는 서울 집으로 가기 위해서다. 순간 내일 아침 끓여줄 미역국이 발길을 잡는다. 도중에 내려 장을 보고 다시 집으로 돌아왔다. 저녁상을 끝내고 마련한 여든두 번째 생일의 케이크에 촛불을 켰다.

"생일 전야제야. 자식들은 자식, 우리는 우리. 사람 '人' 자가 서로 의지하며 살라는 뜻이라며? 둘이서 기대어봅시다."

오래간만에 없는 애교도 섞었다.

다음 날 생일 아침, 쇠고기를 넣어 미역국을 정성껏 끓였다. 그런데 첫 숟가락을 뜨던 그가 이거

"돼짓국이야?" 하며 나를 쳐다본다.

"아니야! 미역국에 무슨? 소고기지!" 하며 떠먹어보니 생각했던 맛이 아니다. '아차! 돼지 목살 남아있던 것을 넣은 모양이다!' 냉장고 문을 열어보니 어제 사온 쇠고기가 냉장고 문턱에 실쭉해 앉아 있는 것이 보인다.

"미안해요." 참기름 대신 눈물 몇 방울 떨어 놓고 국그릇을 옆으로 밀어놓으며,

"내가 왜 이래" 울컥 서러움이 복받쳤다. 그때 전화벨이 요란스럽게 울린다.

"아버지 생신 축하드려요. 시간이 없어서 선물 대신 돈 넉넉

하게 보내니 친지 분들 모시고 저녁 즐겁게 드세요."

영국에 있는 큰딸에 이어, 이 자식 저 자식한테서 전화가 이어졌다. 저녁에는 이태리에 있는 두 손녀가 화상 폰에 들어와 축하 노래와 멋진 발레로 공연을 열어 주어 즐거웠다.

하지만 왠지 마음 한구석에는 여전히 쓸쓸한 마음이 가시지 않는다.

자꾸 깜박거려 생일 기념으로 남편과 함께 치매검진센터를 찾아갔다. 죄지은 사람처럼 가슴이 쿵쿵 뛴다. 한 사람씩 들어오란다. 밖에서 기다리고 있다 보니 어느새 내가 이렇게 되었나! 의기소침해지며, 치매로 고생하다 가신 시어머님이 떠오른다. 주위 사람들은 절절히 안타까워했지만, 어머니는 아무런 꿈도, 부끄러움도, 욕심도, 죽음이란 것도 인지하지 못 하고 갓난 아기처럼 사시다가 고통 없이 가셨다. 어쩌면 나도… 하는 생각에 숙연해졌다.

"들어오세요."

내 차례다. 마음이 조마조마하다. 검사는 생각보다 쉽게 끝났다.

"어떤 상황에서 연관된 정보를 주어 내용을 바로 기억해내면 건망증이고, 지난 일을 기억 못 하여 없었다고 딱 잡아떼면 치매입니다. 두 분 다 건강하십니다. 그러나 6개월에서 1년에 한 번씩은 진단을 받는 것이 좋을 듯합니다."

서로 쳐다보고 옅은 미소를 지으며 돌아섰다.

요즈음도 찾는 것에 시간을 많이 허비하고, 애지중지 간수하던 소지품도 잃어버릴 때가 종종 있다. 둘째가 "엄마! 가지고 있을 만큼 가지고 있었잖아요. 마음 비우세요." 한다.

큰딸아이는 "엄마! 차를 가지고 장보러 나갔다가 나중에라도 주차 장소를 기억하면 건망증이고, 운전하고 나온 것조차 기억 못 해 장바구니 들고 택시나 버스 타고 집에 돌아오면 치매 증상이라고…."

나이 들어 따라오는 건망증은 막을 길이 없다.

나이는 숫자에 불과 한 것이 아니다. 억지 부리지 말자.

어이없는 외사랑

칠십 년 연하와 외사랑으로 몸살을 앓았다.

어느 날 제 나라로 훌쩍 떠나갈 것을 알고 있었지만 떠나간 자리가 너무 깊어 힘들었다. 벽에 걸려있는 기념사진엔 할아버지 할머니 사이에 앉아 해맑은 모습으로 정지되어있다. 수없이 눈길을 주지만 손녀는 말이 없다. 웃는 모습이며 뜯개말[11)]이 사라진 집안은 구석구석에 그리운 흔적뿐이다.

10년 전 이탈리아 사람 '다비데'와 결혼한 셋째 딸이 입덧이 막 끝날 무렵 어미 곁에 와 아기를 낳겠다고 귀국했다. 그때가 임신 4개월이었다. 초음파 사진 속에서 움푹 들어간 눈언저리

11) 뜯개말: 아직 말을 채 배우지 못한 어린애가 한마디씩 내는 말

를 보는 순간부터 외사랑은 시작되었다.

그 후 딸과 아가의 노력으로 아주 장하게 세상 문을 열고 나왔다. 집안에 35년 만에 처음으로 아가의 울음소리가 들리니 온 집안은 활기찬 분위기였다. 티 없이 맑은 웃음이며 별빛처럼 반짝이는 큰 눈은 식구들의 에너지 샘이 되었다. 또한, 음악에 맞춰 눈을 감고 몸을 흔드는 어깻짓이며, 감미로운 뽀뽀. 물방개가 물 위를 헤엄치듯 온 집안을 휩쓸고 기어 다니는 앙증맞은 몸짓이 사랑 덩어리다. 햇살아! 부르면 '네'도 아니고 '너'도 아닌 소리로 대답을 한다. 할미 무릎에 앉아 재롱을 부리면 세상 걱정 사라지고 사랑에 빠져들었다.

내 자식 기를 때는 볼 시간이 없어 보지 못했지만, 할미가 되고 나니 눈에 보이는 것이 너무 많다. 딸아이가 제 딸한테 하는 것이 부럽기도 하고 '나' 보란 듯 한 치의 오차도 없이 육아 프로그램을 지켜가며 최선을 다하는 모습이 대견하다. '햇살'이 하나만을 위해 세상에 태어난 엄마 같다. 나는 왜 그렇게 하지 못하고 살았을까! 순간순간 뒤돌아보며 뉘우쳤다.

손녀는 전생에 애인이었다는 말이 있다. 제 자식한테 주지 못하고 마음에 가지고만 있던 사랑을 손녀에겐 깨진 바가지 물 새듯 주었다.

주기만 한 사랑.

주어도 억울하지 않은 사랑.

떨쳐 버릴 수 없는 찰거머리 사랑.

안았다 내려놓으면 달아나는 사랑.

눈을 보면 근심 걱정 사라지는 사랑.

빠지지 말아야지 하며 깊숙이 빠져든 사랑.

제 나라로 떠난 후에 후회하지 않으려 불태우는 사랑.

열여덟 달 만에 나를 떠나 멀리 가버린 사랑.

그러나 모계유전이 되는 난자 세포질인 '미토콘드리아'가 있다. 할미한테서 네 어미를 거쳐 햇살이 네게로 가는 끈의 고리가 연결되어 있다니 이것만 믿고 살자.

어느 날 제 아빠가 이탈리아에서 한 달 만에 돌아오던 날이다. 밖에서 제 이름을 부르는 소리를 듣고 통통거리고 문 쪽으로 뛰어가 양손을 번쩍 든다. 품에 안겨 얼굴을 비벼대며 뽀뽀를 한다. 할미는 3, 4일이 멀다 않고 시골서 올라가며 "햇살아!" 불러도 물끄러미 바라볼 정도이다. 제 아빠의 사랑보다 할미의 사랑이 더 극진했다고 생각했는데, 차별이 심하다. 그래도 섭섭한 것을 부인할 수 없었다.

그러던 '햇살'이가 18개월 살던 할미의 둥지를 떠나 2008년 4월 9일 제 나라로 돌아갔다. 이별이 두엇인지 아직 모르는 '햇살'이가 제 아빠 품에 안겨 할미 눈 비비는 사이에 감쪽같이 사라졌다. 처음 나온 앞니를 드러내는 함박웃음도 보지 못했다.

어느 순간 가버린 외사랑. 이제 가면 또 언제 오려나. 기약 없는 이별. 기억도 못 할 거란 생각에 더욱 안타까운 할미다.

먼 훗날 외가에 와 할미가 써 놓은 '육아일기'도 읽어보고 할미 품속에 안겨 듣던 자장가 노랫말도 읽을 수 있게 되면 기억해 주려나! 그때 떠나보내고 할미의 외사랑이 얼마나 힘겨웠나를 알아주면 좋겠다.

나이 들면 눈물도 마를 줄 알았는데, 마신 물이 눈물이 되는지 생각만 하면 금 간 쪽박에 물 흐르듯 눈물이 흘러내리니. 기다림은 병이고 그리움은 눈물인가! 외사랑이 슬플망정 내 몸이 축(縮)갈 정도로 아프면 안 되는데 하면서도….

할미의 외사랑은 기도이며 희망이다. 전화를 걸었더니 목소리를 듣고 알아본다.

"할머니야."

"햇살아!"

"네" 하고 똑똑하게 대답을 한다. 그 외마디 맑은 소리에 가슴이 또 메어온다. '네' 소리라도 살아생전 계속 이어질 수 있다면 좋겠다.

할미의 가슴앓이 외사랑이지만, 보석 같은 '햇살'이를 가슴에 묻어놓고 꽃필 날을 기다린다.

내 삶의 멘토들

사람들은 누구나 살아가야 할 각자 삶의 길이 있습니다. 그 주어진 길을 가기 위해 최선의 노력을 하지만 때로는 자기 혼자 힘으로 불가능한 것이 있습니다. 예기치 않은 어려움이 따를 때마다 제게 성큼 다가오셔서 의미 있는 삶의 길로 이끌어주신 스승님들이 계셨습니다.

아름다운 인연, 행운, 따뜻한 사랑, 용기, 건강, 기쁨, 사색, 연민, 축복 그런 그리움의 감정들로 남아있는 오늘, 바로 저의 행복이 되었습니다.

저는 평생 노래 부르기를 즐기며 살았습니다. 그것은 제게 아직도 봄 처녀로 남아 계시는 '오호! 종달새' 이인순 선생님의 덕택이었습니다. 초등학교 합창부 때 선생님께서 가르쳐 주셨던 '맹꽁이와 삽살개', '꽁당보리밥', '나물 캐는 처녀', '바위 고개' '옛 동산에 올라', '봉숭아', '희망의 나라로', '아! 목동아', '즐거운 나의 집', '오빠 생각', 그리고 '반달'… 2014년에 선생님께서 치매로 요양원에 들어가시게 되면서 소식이 단절되었습니다. 삶이 메말라질 때마다 노래로 촉촉이 적실 수 있었던 제 가슴이 눈바람이 들은 듯 시려집니다.

중학교 2학년 때 호(號)를 받았습니다.

> 기대하는 아운(雅雲)에게
> 훌륭한 본명이 있는데도 나 스스로 작명해서 미안하다. 아운(雅雲)은 너의 호(號)다. 호가 무엇인지 모르면 아무 때라도 물어보아라. 왜 호를 아운이라 불렀는가도 가르쳐 주겠다. 그러나 아운이란 뜻만은 '아름다운 구름'이란 뜻이다.
> 1953년 설악(雪岳) 이도건 씀.

배구 잘하시던 고등학교 국어 담당 이도건 선생님께서 왜 저에게 아운이라는 호를 지어주셨느냐고 물어보지 못했습니다. 불혹에 일찍 떠나셨다는 소식을 들었을 뿐입니다. 퍽 안타까웠습니다. 지금까지도.

중학교 2학 때 담임이셨던 서봉(曙峰) 이도필 선생님께서는 어려울 때마다 성큼성큼 사랑의 징검돌을 놓아 주시어 제가 무사히 사범학교를 졸업하여 교육자의 길로 가게 해주셨습니다. '인연이란 산길과 같은 것이어서 자주 오가지 아니하면 어느새 초목이 우거져 그 길은 없어지나니.' 하시며 좋은 글을 보내주셨습니다. 68년 동안 지워지지 않은 길, 오늘까지 와 있습니다. 선생님! 사랑합니다. 건강히 지내십시오.

사제관에서 신부님께 단독 교리를 받았습니다. 신앙은 광정처럼 한순간에 펑! 튀겨지는 것이 아니라, 물을 주면 콩나물시루에서 아무도 모르게 조용히 콩나물이 자라 오르듯 조금씩 커가는 것이라 하셨습니다.

"네, 그래요? 늘 사랑으로 가득하세요!" 하시며 어려운 일이 생길 때마다 정신적인 지주가 돼주셨던 구니 베르토 조규남 신부님. 28년 전 저에게 하느님께로 가는 세례의 길을 마련해 주시고, 2014년 2월 18일 백혈병으로 조급히 하느님 곁으로 떠나셨습니다. 신부님! 사랑했습니다.

글이 쓰고 싶어 종심을 앞두고 '오금동 해바라기 수필모임'을 찾아 나섰던 날입니다. 오금동 지하철 계단을 오금이 저리도록 올라가 보니 5월이 눈부시게 싱그러웠습니다. 찾아갈 방향을 모르고 주저하고 있을 때 회색빛 양복에 깔끔한 노신사가 지나가기에 그분께 길을 물었습니다.

"제가 바로 해바라기의 주인 '오창익'입니다. 함께 가시지요."

그때 싱그러움이 황홀한 순간으로 바뀌며 글을 쓰는 인연이 되었습니다. 시골 오솔길에 핀 들꽃 한 송이가 교수님께서 도시에 가꾸어 놓으신 해바라기 꽃밭에 들어가 그 짙은 향기에 취해 버렸습니다. 그래서 저도 모르게 일주일에 한 편씩 글을 만들어 서울을 오르내렸습니다. 어느 날 교수님께서는 제 글을 보시며 '뜨거운 여자'라고 하셨습니다. 차가운 여자보다는 낫다고 생각했었는데, 후에 알고 보니 '급한 여자'라는 뜻이었습니다. 늘 부끄럽게 돌아서 오는 길은 후회를 하며, 호된 매를 우박 쏟아지듯 두들겨 맞으면서 정말로 잘 쓸 것 같은데… 교수님은 늘 따뜻하기만 하셨습니다. 그렇게 1년 넘게 오르내렸으니, 그랬어도 후회는 없습니다. 교수님! 정말로 감사합니다.

짙푸른 잔디를 누비며, 푸른들 맑은 공기 속에서 멋진 포지션으로, '따~악!' 공을 쳐 날리면 포물선을 그리며 창공으로 날아가는 작은 공은 삶의 지친 피로도 마음도 함께 다 싣고 날아갑니다. 산수(傘數)가 되었는데도 포지션이 예쁘다고 칭찬해주시며 공의 심리를 잘 가르쳐 주셨습니다. 이보미 선수를 길러내신 프로 이순국 님 고맙습니다.

글을 써놓고 주저앉아있을 때, 만해마을에서 처음 뵙고 맺어진 이상국 시인님과의 인연. 설악(雪嶽)의 자연을 닮으신 시인님께 기댈 수 있어서 행운입니다. 그러나 늘 부끄러웠습니다.

건강을 잃으면 모든 것을 다 잃은다는 말을 더 실감하며 살아가고 있는 나이입니다.

한림의원 내과 이상조 원장님과 외과, 정형외과 윤효섭 원장님 두 분을 주치의로 두었기에 산수를 넘게 되어 감사드립니다. 두 분은 하늘이 내리신 이 고장 인제의 별들이십니다.

하늘의 뜻으로 만난 남편! 젊은 한순간의 선택이 어긋나지 않았기에 사 남매의 힘입어 56여 년은 축복받은 삶입니다. 행복합니다.

지금 내가 이 자리에 곱게 머무르고 있는 것은 오직 좋은 인연의 멘토들의 사랑 덕분이라고 생각합니다. 평온한 마음으로, 여생을 헛되지 않도록 아름답게 잘 마무리 해놓고 떠나고 싶습니다.

발 문

따뜻하고 서럽고 곡진한 내면의 기록

- 나는 수도 없이 눈시울을 적셨다 -

시인 이상국(李相國)

아운(雅雲) 선생을 만난 지도 퍽 여러 해가 되었다.

내가 만해마을에서 일할 때 어느 행사에서 초등학교 교장선생님으로 퇴직한 분인데 글쓰기에 관심이 많으시다고 소개를 받았고 그 이후로 크고 작은 행사나 모임에서 선생을 뵙게 되었다.

아운 선생은 겸손하신 분이었다. 그리고 남 앞에 나서는 분이 아니었다. 그리고 뭔가 하실 말씀이 있어도 어떤 일이 있은 후 한참이나 지나서야 넌지시 하는 분이었다. 그만하면 어디서건, 누구에게든 보란 듯이 사실만도 한데 말하기보다는 듣는 편이었고 조심스러울 만큼 남에 대한 배려심이 깊은 분이었다.

그 후 만해마을 그만두고 용대리를 떠난 이후에도 선생과는 연락을 주고받았다. 내설악의 혹한을 피해 멀리 갔다 오시면 안부를 물어 주시고 어떤 날은 부군되시는 박 교장선생님과 함께 대포항에서 소주를 마시기도 했다. 그런 만남과 함께 간간이 들려주시는 이야기를 통하여 나는 아운 선생이 살아온 삶과 그 생의 깊이를 조금씩 알아가며 더욱 존경하게 되었다.

우리는 민족적으로, 그리고 역사적으로 유례없는 시련을 겪었다. 식민지 침탈, 해방, 전쟁, 혁명 그것은 마치 거대한 소용돌이 같은 것이었고 아운 선생은 온몸으로 그 역사를 모두 겪은 세대에 속한다. 그것을 겪었다는 것은 그 시절의 가난과 무지와 혼돈, 고루한 인습이 족쇄처럼 사람을 옥죄이던 시련과 고난을 살았다는 것이다. 그러나 아운 선생은 혼신의 힘으로 그 소용돌이 속에서도 공부의 끈을 놓지 않았고 그것으로 천직인 교직과 가족을 지켜 냈으며 또 당신의 인생을 떳떳하고 훌륭하게 가꾸신 분이다.

나는 아운 선생의 글을 읽으며, 말씀 드리진 않았지만 수도 없이 눈시울을 적셨다. 마치 내가 겪은 인생처럼 편편이 절절하고 안타깝고 모질고 눈물겨웠기 때문이다. 지나간 것은 모두 아름답다고 한다. 그것은 돌이킬 수 없는 과거에 대한 자기 위안일 수도 있다. 그러나 굴곡진 가족사와 출생과 성장, 공부 등 어느 것 하나 순탄하지 않은 것이 없었는데 그 시련을 이겨내고 한 가문을 일으켜 지금 그야말로 옛말 하며 노년을 즐겁고 평화롭게 사시는 것이 존경스러울 뿐이다.

아운 선생의 글은 꾸밈이 없으며 섬세하다. 그래서 마치 내가 겪은 듯이 절실하고 또 서럽다. 젊은 날의 부끄러움이나 부부간의 내밀한 이야기, 어두웠던 친정의 가족사 그리고 아이들의 출생과 성장, 그 모든 것에 대한 고해이고 서원이 배어 있다.

아운 선생의 대물릴 수 없는 과거 중에는 특히 가엾은 어머니에게 아무것도 해드릴 수 없었던 자신의 처지와 무능에 대한 뼈저린 후회와 제대로 보살펴 주지 못한 자녀에 대한 회한이 눈에 띈다. 꽃가마 타고 시집오신 이를 손수레에 태워 국유림에 암매장한 사연에 이르면 눈물이 앞을 가린다. 한편 먹고사는 일로, 가슴을 파고드는 어린것들을 모질게 떼어놓고 직장을 우선해야 했던 자신을 비정한 어머니로 생각하는 모정 또한 눈물겹다. 한편 부모와 자식을 하늘 같이 생각하며 그들에 대한 죄책감과 회한에 대하여 내가 더 열심히 살고 성공하는 것으로 그것을 보상하고 위로가 될 수 있다는 생각으로 자신에게 더 엄격하게 대했을 수도 있었음을 생각하면 아운 선생의 오늘이야말로 각고와 자기희생의 결과라고 할 수 있을 것이다.

누구나 자기를 대상화하거나 타자화하여 정면으로 바라보기는 어렵다. 그러나 우리 모두가 자식에서 부모가 되고 또 그것은 끊임없이 반복 유전하는 것이고 보면 아운 선생 또한 부모로서 잘 자란 자식들의 친애를 받고 있으니 이것이야말로 부모 은덕에 대한 갚음이라고 할 수밖에 없을 것이다.

이 책은 그냥 수필집이라기보다는 어려운 시대를 헤쳐 나온 한 세대의 삶의 기록이자 이 땅의 민간사이며 섬세하고 곡진함으로 가득한 한 인간의 자전적 내면 기록이기도 하다.

모든 나는 그냥 내가 되는 것이 아니다. 아운 선생에게는 당신 잘 되기를 바라는 은사님이 지어 준 아운이라는 이름이 온 생애의 하늘에 걸려 있었듯이 모두 부모를 비롯한 누군가의 희망과 염원으로 내가 된 것이다. 그래서 아운 선생처럼 누구 한 사람의 의지가 선하고 심성이 곱고 바르면 그 주변이 모두 밝고 따뜻해지는 것이다

아운 선생은 산수를 넘기셨다. 그 연세에도 불구하고 어머니로, 아내로, 교육자로서 살아온 부끄러움 없는 일생을 기록으로 남기고자 하는 열정은 실로 아름다운 것이다. 그 정신과 의지 그리고 가감 없는 생애의 자취는 자녀들은 물론 오늘을 사는 모든 이들에게도 훌륭한 본보기가 될 수 있을 것이다

오랫동안 준비하신 수필집의 출간을 진심으로 축하드리며 언젠가 아운 선생의 용대리 자택에 가서 선생이 독점하고 계시는 근사한 풍광을 잠시나마 나누어 보고 싶다.